玫瑰战争

［英］马丁·多尔蒂◎著　王顺君◎译

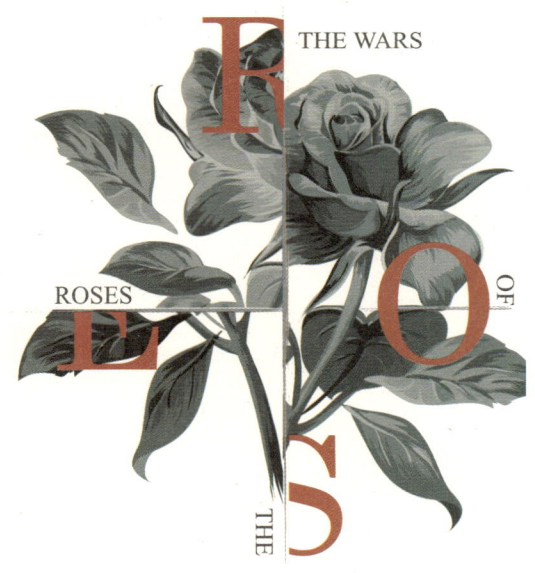

重庆出版集团　重庆出版社

版贸核渝字（2015）年第 329 号
Copyright © 2015 Amber Books Ltd, London
Copyright in the Chinese language translation (simplified character rights only) ©
2020 Chongqing Publishing House Co., Ltd
This edition of The Wars of the Roses published in 2015 is published by arrangement with Amber Books Ltd.
Originally published in 2015 by Amber Books Ltd.
Simplified Chinese rights arranged through CA-LINK International LLC.

图书在版编目（CIP）数据

玫瑰战争 /（英）马丁·多尔蒂著；王顺君译 . -- 重庆：重庆出版社，2020.1

ISBN 978-7-229-14458-6

Ⅰ . ①玫⋯ Ⅱ . ①马⋯ ②王⋯ Ⅲ . ①玫瑰战争—史料 Ⅳ . ① K561.32

中国版本图书馆 CIP 数据核字（2019）第 201415 号

玫瑰战争
MEIGUI ZHANZHENG
【英】马丁·多尔蒂 著　王顺君 译

责任编辑：李　子　陈劲杉
责任校对：何建云
封面设计：严春艳

重庆出版集团
重庆出版社　出版

重庆市南岸区南滨路 162 号 1 幢　邮政编码：400061　http://www.cqph.com
重庆一诺印务有限公司印刷
重庆出版集团图书发行有限公司发行
E-MAIL:fxchu@cqph.com　邮购电话：023-61520646
全国新华书店经销

开本：787mm×1092 mm　1/16　印张：13.75　字数：350 千
2020 年 1 月第 1 版　2020 年 1 月第 1 次印刷
ISBN 978-7-229-14458-6
定价：98.00 元

如有印装质量问题，请向本集团图书发行有限公司调换：023-61520678

版权所有　侵权必究

兰开斯特
家族家谱

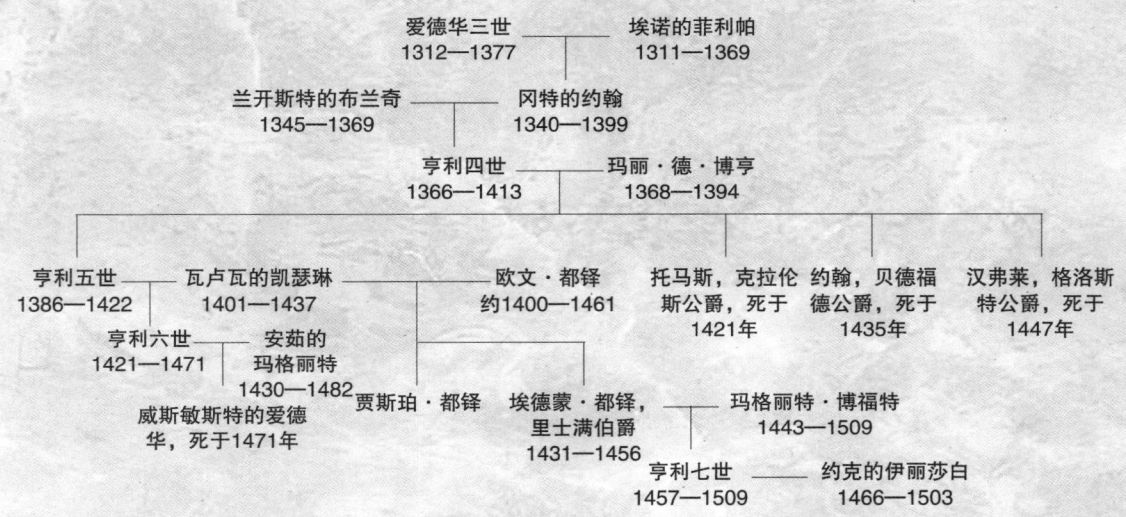

约克
家族家谱

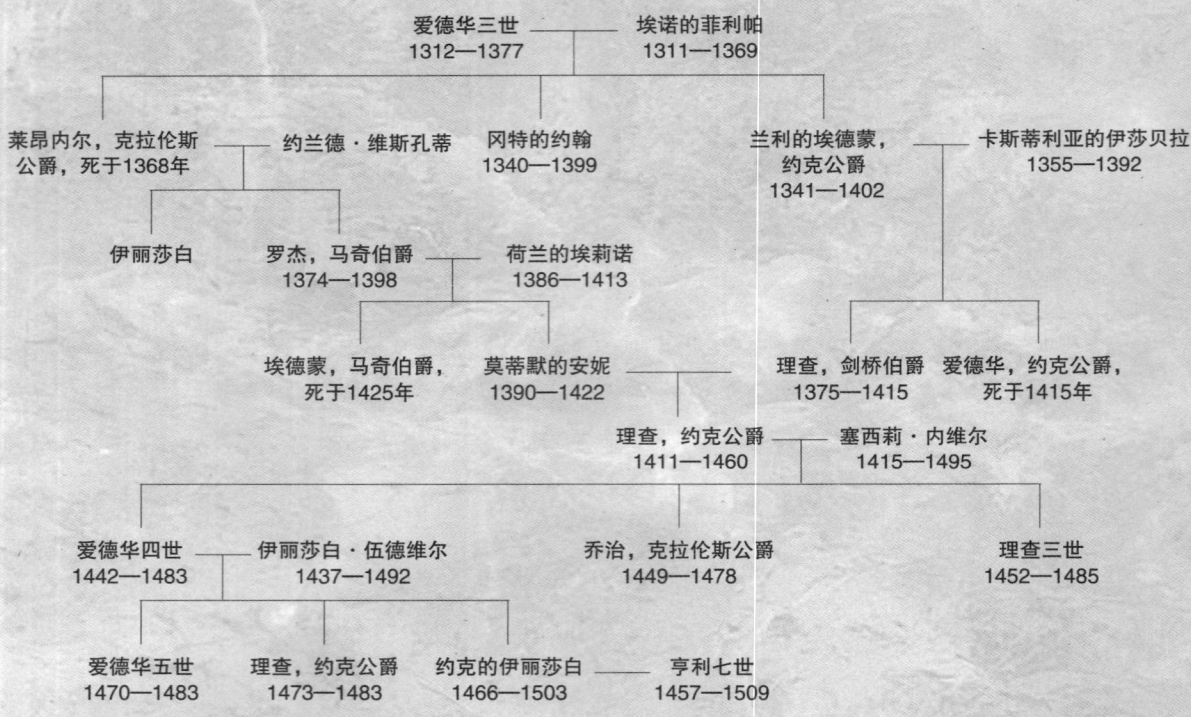

目 录

引 言   1

第一章   玫瑰战争探源   24

第二章   亨利六世的早期统治   44

第三章   约克公爵理查   65

第四章   魔鬼议会   84

第五章   马奇伯爵爱德华   102

第六章   爱德华四世的初次统治   126

第七章   亨利六世和爱德华四世的第二次主政   152

第八章   理查三世   176

第九章   玫瑰战争的影响   202

参考文献   213

金雀花王朝的第一位国王亨利二世,一生都处在自己的母亲——亨利一世之女玛蒂尔达和取得英格兰王位的布卢瓦的斯蒂芬的斗争旋涡之中。

• HENRY • II •

引 言

那时横行的瘟疫夺去无数人的性命

15世纪中后期，时局变幻莫测、动荡不止，一场有关王位继承的复杂斗争，演变成为一场席卷英格兰每个角落、长达三十年的激烈战争。

危在旦夕的不仅是权力和地位，稍有差池便性命不保——那是一个失败者得不到仁慈的时代。在这个时代，想置身其外保全性命也绝无可能：有权势的领主们通过自己的影响力甚至是胁迫力，不断招募新的追随者——非敌即友，拒绝等于宣战。

15世纪中叶是充满了扑朔迷离和动荡不安的时代。尽管文艺复兴最初的花朵正在意大利怒放，英格兰的名门望族私募军队互相交战的传统却没有改变。瘟疫横行夺人性命，但层出不穷的阴谋诡计也绝不甘拜下风。那时被判死刑并不需要什么罪名，许多人仅仅因为可能成为叛变的核心便丢了性命。

发生在这一时代的英格兰权力的斗争，便是世人所知的"玫瑰战争"——这一名字来源于对峙双方的徽章。然而这场斗争的复杂程度，远远超过两个阵营表面上的交锋。背信弃义、尔虞我诈让很多大权在握的人物不断变换阵营，以至一时之间敌友也难以判断。

玫瑰战争的尘埃落定，让一个新的家族登上了英格兰的王位——都铎王朝。这一王朝后来出现了几位改变世界的君主，比如亨利八世和伊丽莎白一世。由于苏格兰和法国也被卷入这场战争中，导致其影响甚至远及新大陆。

上图:"玫瑰战争"这一说法出现在这场斗争之后,文艺复兴时代的作家笔下。《亨利六世》第一幕中,莎士比亚虚构了这样一幕:领主们摘取白或红的玫瑰来表示对各自阵营的忠诚。

这正是世界历史中关键的一点:1492年哥伦布将开始他伟大的航行,对美洲的征服即将开始——此时距离玫瑰战争结束仅仅五年,正是玫瑰战争的胜利者亲手制定了探索北美洲的政策。史学界普遍认为1487年文艺复兴风潮到达英格兰时,也正值玫瑰战争的最后阶段。英格兰时局的稳定,标志着中世纪的结束,新时代的开启。

一切都在变化。火药武器的使用让城堡逐渐荒废,以身披盔甲的骑士为中心的战争方式开始退出历史舞台。人们看待世界的方式将因文艺复兴迸发出的思想而永远改变。这是一个不确定的时代,一个关键的转折点。这是中世纪结束前的最后一场大战,它决定了未来数世纪欧洲以及世界历史的走向。

假如玫瑰战争的结局不同,那么就不会有亨利八世建立的由天主教分裂出来的英格兰教会,

引言 3

尽管玫瑰战争主要是约克和兰开斯特两大家族之争，但这两大阵营的追随者分布并不受地理限制。每个阵营的支持者都可能来自任何地方。

也不会有西班牙无敌舰队，或许也不会有宗教战争——或许一切结局都会不同，欧洲的历史也会走上完全不同的道路，对整个世界将有重大影响。

然而，在这场王位之争爆发时，所有的事件对于当事人而言还是遥远而陌生的未来。当时没有人能预见这场血腥的战争会持续三十年，一位疯癫的国王先是被废黜后又复位，而两大阵营的势力更是此消彼长。玫瑰战争绝不仅仅是战场上的兵戎相见，更是政治上的钩心斗角，充满了谋杀、背叛和为了取得胜利而不惜的一切手段——这绝不只是一场王位继承之争，而是掌控英格兰未来之战。

封建制度

中世纪欧洲是在封建制的基础上进行社会运作的。封建制的本质是权责体系，这一体系明确规定了一个社会阶层对另外一个社会阶层的责任和义务。封建制源自部落中松散的管理方式，随着时间推移而不断演变——封建制度则是一个近代出现的词汇，用来定义一系列有着类似特征制度的社会。

在一个封建社会中，军事精英占有领导地位，国王则掌握着最大的权力。每个社会阶层都对比自己高一层的社会阶层负有义务，并且上层对下层也要承担责任——至少理论上是这样。按照这一体系，一个村子的村民效忠于庄园的领主，而领主也须要负责提供保护、调解纠纷。这种庄园领主往往是位骑士，他需要向自己的上级效忠——后者可能是一位男爵或者更高爵位的贵族。这一效忠体系的金字塔尖是国王，但是随着时间推移，这最后一层权责关系往往不再像骑士与其领主间的关系那样重要。

国王以及有权势的贵族是其他贵族的领主，同样这些"其他贵族"也是其下属的领主。每一方需要承担的义务都会在相应的协议中写明，对于骑士和高级贵族而言这往往意味着军事服务。普通百姓在领主需要时也要服兵役。一些臣下还可能有特别的任务，比如负责看守王室城堡，但是没有该城堡的所有权；或者有些臣下在领主需要时才提供军事服务，剩下的时间则按照自己的需要安排。权势极大的领主（包括君王在内）会自己出资招募骑士和职业士兵，但即使是最富有的贵族其供养能力也总是有限的。

供养军事精英阶层主要靠分配土地，使其成为封建附庸。封建附庸这一概念本来可以指处在封建从属关系中的任何人，但是大多数情况下特指土地封建附庸，即以提供服务来获得封地。土地所有权可以有多种形式，既有临时的所有权，也有世袭制的长期所有权。

 vs

所有能够作为收入来源的土地均被称为采邑，也曾一度被称为封地。它可以是土地本身，也可以是依靠土地而产生的征税权等权力。如果有一座能够产生足够收益的庄园，能够支持一位骑士的费用，那么这座庄园就是典型的采邑。在某些领地授予协议中，一座庄园的领主可能享有对其领地所有收入的自由支配权。若是该采邑的租借费用是一个有固定期限的军事服务，那将是一本万利的买卖：通常军事服务期限每年只有40天。希望被免除军事服务义务者，并不总能获得其领主的批准，但获准后可以缴纳免服兵役税，即"买盾费"，便可免除其他义务。免服兵役税能让一位贵族用自己领地的收入免除义务，保全自身。领地授予协议还有其他可能，比如与教士阶层签订的协议，并不要求军事上的服务，但会有其他必须履行的义务。

下图：15世纪初所谓的"财政封建制"。国王不再有绝对权力，大领主和教会高层有着巨大的影响力。这一时代在国王的近臣们中产生了无数政治阴谋、秘密计划和交易。

下图：作为亨利三世的继承人，年轻的爱德华一世在第二次诸侯战争中扮演了重要角色。在登基后，他针对战争爆发的原因，迅速推行法律及社会改革。

将土地分给自己的臣属，让他们对自己的领地负责，这样君王就不必陷入琐碎的管理中；而地方武装必要时也可以自卫，不一定总要进行大型联合军事行动。理论上在和平年代，地方武装应该能够维持家乡的稳定和治安，且不必耗费中央政府的资源。这个时代还没有常备军，除了贵族家的武装之外没有其他军事力量。在需要时，军队召集要靠召唤骑士，这些骑士会带着自己的部下或者临时从普通百姓中征召来的人员。

将土地分封给臣属，若是经营得当（或者是短期内横征暴敛），这会让他们迅速富有且有权势。一些采邑在其领主去世后所有权回到了国王手中，还有许多采邑是世袭制，需要决定由谁来继承。通常继承者是长子，但若膝下无子则可能由亲戚继承。婚姻也可将财产权转移到其他家族，这就可能导致采邑的分裂或者合并。

合并或者购买额外的采邑能让权力较大的贵族们聚积财富和提升地位，最终将导致权倾朝野的庞大家族的出现。这样的贵族若是联合——有时甚至一个家族——已足够在政治上和军事上挑战王权，也自然能够干涉国王的统治。

随着时间的流逝，统治一个国家越来越大程度上成为一种权力平衡：国王需要得到有权有势贵族的支持，而不能像独裁者那样统治他们。只要国王还能有足够的支持者，那么他的王权就有所保障。然而，这种支持逐渐变成一种交易，统治的权力也越发建立在妥协之上。的确，如果国王无能，那么他的权力将被有权势的贵族们架空。即使如此，国王依然还是有很大的影响力。总而言之，口头上的忠诚和服从还是理所当然的。

在这样的环境中，有权势贵族间的政治和争斗能影响国家政策，贵族间的小型战争可能会一发不可收拾。一位强势的国王，有着坚实的基础，自然能够在贵族要求时出面恢复秩序，但是获得国王的支持必须付出代价。当那些有权有势的贵族们变得越来越强大时，国王便不再是掌握绝对权威的统治者，而变成了一个危险的权力游戏中的大玩家。

随着时间推移，封建的性质也发生了改变。每个人不再效忠国王，对于许多低级贵族而言，他们效忠的对象是自己的领主。这就造成了严重分裂，相对于国王，贵族变得越来越有实力。同时，忠于国王的军队管理又发生了变化。在

上图：爱德华一世以对苏格兰的战争闻名于世，得到"苏格兰人之锤"的称号。他的确是位能征善战的武士君主：出征威尔士、苏格兰，参加十字军，镇压英格兰叛乱。

爱德华一世（1272—1307 年在位）统治期间，直接服役效忠国王的方式逐渐被以金钱为基础的制度所取代。

这个新的系统要求社会所有的阶层不再在领主需要时提供军事服务，而是向领主缴纳一定的费用。若是需要用兵，那么其费用要由领主承担。因此在和平的年份里这些收益可以用在其他项目上，或者存入专门的战争基金中以备将来不时之需。若是遇到需要许多人手的情况，领主则可以出资雇佣职业军队，同时也可以按照属下对战事的贡献发放奖金。这个新的体制被称为"财政封建制"。在财政封建制中，贵族可以按照自己的意愿维持常备军，但是这些军队往往规模较小。在和平的岁月里这些常备军用来守卫领地、解决纷争或者做保镖显示身份。若是和另外的领主发生冲突或者是远征作战，则会临时招募更多人手补充这支常备军。

在财政封建制下，大贵族的权力不断增加——这也是造成玫瑰战争非常血腥的重要原因。大权在握的贵族拥有自己的私人武装，若是他们之间陷入斗争，国王有时根本没有能力阻止。他当然可以选择不阻止他们，任由这些贵族自己的意愿；国王这样做往往要么是支持他们，要么是需要他们在其他事务上的支持。可以说，王权相对于贵族权力的衰落，是导致玫瑰战争的主要原因。

生育男性王位继承人至关重要，能维护王国稳定。在继承人爱德华二世出生之前，爱德华一世共育有三子，但是其中两子在爱德华二世出生之前就夭折了，另外一个在其出生后不久也死去。

遗产与继承

若是领主去世，采邑由谁来继承则是非常重要的问题。国王去世由谁来即位自然更是重中之重。若是采邑不能世袭，那么其所有权应该归还去世者的上级领主，以便重新分配给他人。世袭的采邑则一般由所有者的长子继承。

这种遗产继承制被称为长子继承制，有继承人的情况下这一制度毫无问题，尽管继承人的弟弟们所得财产往往很少。总的来说，采邑不会被分割后由多人继承，这样的制度会缩小家族的产业，最终导致碎片化的采邑无法维持家族地位。对于一个王国而言，分割给继承人则绝不是明智之举。

长子继承制和头衔的全部保留，保证了产业集中，权力不会分散，尽管这一制度会造成手足之间，成为敌手互相憎恨，关系非常紧张。次子们可能得到略低的地位或者是自己的采邑。大多数情况下，王室和大贵族们会将次等的采邑或头衔交给次子们。这类遗产被称为"附属财产"，兰开斯特和约克公国便是这类领地。这两个公国是爱德华三世为自己的小儿子们设立。作为国王的兄弟，这样的公国给他们带来了可观的收入和相称的高贵地位。这类属地大多不是战略要地，但是它们能保证次子们的贵族地位，或者至少让他们继续成为上层阶级。

采邑或者头衔也可能会传给小儿子，若是长子在死去时没有留下男性后裔的话；若情况不是如此，那么小儿子及其后代就成为这个贵族家族的旁支。贵族主支财产的继承会把旁支排除在外，但是旁支依然按照同样的规则不断延续，可能通过婚姻或者其他手段增加自己的力量。

右图：冈特的约翰是第一代兰开斯特公爵。他的儿子亨利四世国王是合法婚生。其他的孩子姓"博福特"，是约翰和情妇凯瑟琳·斯温福德所生的非婚生子，尽管最后两人结婚并让后代获得合法地位，但正是这一地位造成了争夺继承权的情况。

右图：第一代约克公爵兰利的埃德蒙的纹章。兰利在政治上和军事上十分无能，即便如此，理查二世出征时还是委任他作为摄政。他曾试图阻止亨利·博林布鲁克废黜理查二世，但并未成功。

若是国王或者贵族没有子嗣，继承财产的资格要沿着家族谱系找到最近的旁支，直到选出一位合适的继承人为止。这样就能确保总有几个人能有资格继承王位，尽管出自旁支。对于这些人而言似乎既是幸运又是诅咒：有这样资格的人可能卷入密谋篡位的计划中，尽管他们未必总是策划者；有时这些潜在的继承人不得不被处决，用来保证现有王位继承人不受威胁。

让情况更复杂的是，查询家族谱系有不同的方式。男系长子继承制只考虑该家族的男性，若是依然没有继承人的情况下，女性才有可能继承王位或家族。这样就避免了一旦某位女性长辈的后代出现适合的继承权候选人时，家族财产有落入远房亲戚之手的可能性。

因此一位成年的男性继承人是维持稳定的重要因素。若是继承人存在，新王登基或者确定名门望族的族长则相对比较顺利。在继承人并不明确或者继承人尚且年幼的情况下，局势将会非常复杂。如果按照血统，有继承权者众多，每个都可能提出自己的要求，对于某些大贵族而言不一定血缘关系越近越好。

对血缘关系的特殊解释方式也层出不穷，这当然会引发哪些因素重要，哪些应该忽略的争论。有些候选继承人不止有一种血缘关系，因其祖上可能和王室之间有过多次联姻；或许有些候选继承人因为某些因素而被对手排除在继承权之外。谈判、利用人脉和武力胁迫是继承权之争中常见的手段，若是达不成协议双方只好兵戎相见。

中世纪晚期的英格兰和法兰西

中世纪没有今日民族国家的观念。尽管英格兰和法兰西存在，但是其定义方式和今日大不相同。没有靠国际法律确定的边界和领土范围，英格兰和法国这样的国家形成的原因可以看作是文化观念、政治传统、现实政治的结盟三种因素共同作用的结果。

哪些地区属于法兰西（或者英格兰）随着时间发生过许多变化，而且还是一个主观判断的问题。尽管沿着山脊、河流和海岸线等地理分界线

划定国界,宣布领土主权相对简单,事实上每一个时期的具体情况都要复杂许多。对英格兰或法国最合理的定义应该是那些对其国王表示忠诚地区的组合——或者直接效忠于国王,或者通过一个大贵族家族。即使这样,这样的效忠总存在一些问题。中世纪时法兰西国王声称拥有的地区,基本上不受其控制。有时,法国境内的一些控制领土的贵族效忠于国外统治者。

当时,法国很大部分土地的领主都是由英格兰贵族所控制,他们当然效忠于英格兰国王。这或许是贵族制度存在不可避免的结果:有权势的家族互相联姻,相互联系,控制的土地可能跨越王国。这样就造成了一个人既是一位法国的伯爵或公爵,还同时是英格兰国王。这样的个体在某些情况下会被法国国王当作国王看待,有些情况下则被视为臣属。

是英格兰国王亨利一世的女儿玛蒂尔达和安茹的若弗鲁瓦的儿子。"Plantagenet"这个词本意为"金雀花上的嫩枝",指的是安茹王朝的头冠,本来是一个绰号:亨利是安茹王朝家族的一员,同时还拥有诺曼底公爵、安茹伯爵以及其他一些法国贵族头衔。他与阿基坦的埃莉诺结婚之后,把阿基坦公国也收入了自己的家族财产名单之中。这样一来,英格兰国王同时拥有法国领土的大部分,可是按照法国国王的看法,这些领土并不属于英格兰。在长久的动荡和内战后,亨利二世才得以继承英格兰王位,但是他不满足于仅仅得到这顶王冠。他征服了威尔士、爱尔兰和法国,

法国和英格兰之间的情况与英格兰国王亨利二世(1154—1189年在位)的生平与行为息息相关。作为金雀花王朝的第一位君主,亨利二世

右图:一位英格兰的国王同时是法国的公爵,同时拥有英格兰及法国境内的领土,但也是法国国王的臣属。这样的局面,让法国国王强迫英格兰国王承认自己的臣属地位,也造成了许多冲突。

建立了今日人们常说的"安茹帝国"。

在亨利去世后，安茹帝国迅速缩水。他的儿子英格兰国王理查一世（史称"狮心王"）一生待在阿基坦公国及带领十字军东征所花费的时间，远远大于他在英格兰事务上的投入，他本人对管理属于自己的领地也不大关心。1199年他去世后，王位由他的兄弟约翰继承，约翰灾难性的统治导致后来没有任何一位英格兰君主愿意使用"约翰"这个名字。

在约翰执政初期时局很好，安茹家族在法国的地产于1200年得到了法国国王腓力二世的承认；然而不久之后，英法之间的战争爆发，安茹家族在法国北部的土地基本全部丢失。约翰一直尝试着夺回这些土地，不但没有成功，还要努力平定英格兰国内发生的叛乱。这场叛乱有着许多重要意义，其中重要的一条是它导致了《大宪章》的签署：这一宪章限制了英格兰国王的权力，使其不能为所欲为。按照这一宪章，国王没有法律上的缘由不得囚禁或伤害任何自由人。在今日看来，国王的意愿应该服从法律是自然而然的事，但在那个时代，这可是全新的观念。

左图：亨利二世作为安茹王朝的继承者，已经在法国拥有不少地产，加上与阿基坦的埃莉诺的联姻，又得到了阿基坦公国。这是英格兰国运的高峰期，然而所谓的"安茹帝国"很快失去了大部分土地。

14　玫瑰战争

1215年签署的《大宪章》是国王与领主间权力平衡中的巨变，历史上第一次英格兰的君主被迫接受其臣民制定的法律。

下图：《大宪章》限制了国王原先所拥有的无限的权力。国王再也不能武断行事，惩罚臣属也必须遵守法律。

《大宪章》

《大宪章》是第一部由臣民强加给英格兰国王的法律文件，直观地反映了英格兰封建制度的变化。国王不再有绝对统治权，高级贵族们以武力强迫国王接受了这一协议。在其条款中，《大宪章》包括这样一项条款：大贵族组成的联席会议可以超越国王的权力，甚至当国王不遵守宪章时可以攻占其城堡。当然，约翰并没有遵守这一宪章；一找到机会他就立刻宣布该宪章无效，而且还获得了教皇的支持，但《大宪章》还是保留了下来。1216年他去世时，他9岁的儿子亨利三世接受了《大宪章》的条款，并确定其作为英格兰法律的基础。

亨利三世作为年轻气盛的国王，试图夺回法国那些失去的土地，结果彻底失败，但他不愿服输，1242年再次出征。最终，亨利三世于1259年与法国达成协议，放弃除加斯科涅外所有法国的领土；而他对加斯科涅的拥有权得到了法国国王的承认。实际上，这一协议并非亨利的本意：英格兰的大贵族们使用《大宪章》的条款，架空了国王，只是用了他的名号而已。

1264—1267年的第二次诸侯战争结束后，王室对英格兰的控制才得以恢复。第一次诸侯战争是反对英格兰国王约翰，结果是限制了王室的权力；第二次诸侯战争则导致了更深层次的改革，让非贵族也能参与政府统治。亨利和他的儿子爱德华被俘房后又遭到囚禁，尽管亨利保留了自己国王的头衔。这个时期国王成了真正的傀儡，直到其子爱德华逃出监牢，打败了诸侯军队后才结束。

爱德华一世的统治从其父1272年去世后开始，其在位时的主要事件是与威尔士和苏格兰的战争以及改革英格兰法律的尝试。爱德华一世可称得上是欧洲矛盾调解人，尽管他这一政策的主要目的，是为了争取大家支持他庞大的十字军东征计划。在控制英格兰国内贵族力量的增长上，他的手段也非常有效。

他曾多次尝试修补英法之间的关系，重要的一项，就是1308年，爱德华一世的儿子及王位继承人爱德华二世，迎娶法国国王"美男子"腓力四世的女儿伊莎贝拉公主。为了这桩婚事举行的谈判进展得异常艰难，其中要求爱德华一世向腓力称臣，表明英格兰国王是法国国王的臣下，二者并非平等。1324年，双方尽量避免的战争再一次爆发了。英格兰拥有的加斯科涅再次成为导火索。刚刚登基的法国国王查理四世要求爱德华一世以加斯科涅公爵的身份来巴黎觐见他。作为英格兰国王的爱德华一世拒绝了法国国王的要求。双方关系紧张，冲突升级，最终法国出兵入侵加斯科涅。

为了能避免战事，爱德华二世将加斯科涅封给了与自己同名的儿子爱德华，派他去巴黎向法国国王称臣。爱德华二世的妻子伊莎贝拉此时也正在巴黎，为了双方的和解也做出了巨大努力，尽管这一时期她与丈夫的关系发生了巨大的变

右图：第二次诸侯战争从1264年持续到1267年，一些有权势的贵族团结在西蒙·德·孟福尔周围，与英格兰国王亨利三世交战。亨利被俘虏后的一段时间内成为对手操纵的傀儡。

化。与法国的和平协议达成后,伊莎贝拉开始聚集军事力量,准备对丈夫动手。

爱德华二世的统治以灾难告终。他的政策和不受欢迎的盟友让国家四分五裂。当伊莎贝拉和她的儿子登陆英格兰时,伦敦发生了反对国王的叛乱。爱德华二世逃跑,希望在威尔士组织军队或者逃往爱尔兰,但他被捉住并退位给自己的儿子,于是,1327年爱德华三世开始统治英格兰。

爱德华三世取消了他父亲许多不受欢迎的政策。尽管执政初期他不过是其母及其情夫罗杰·莫蒂默的傀儡,但爱德华三世还是成功地恢复了王权。他增加了英格兰的军事实力,让骑士与长弓手相结合的战术成为主流。在与苏格兰交战中,这一战法获得奇效;后来与法国的作战之中也派上了用场。

1328年,法国国王查理四世去世。他没有直接继承人,尽管不少人有继承权。其中一位便是英格兰国王爱德华三世,他的继承权来自于母亲伊莎贝拉,即查理的妹妹。法国贵族们坚决反对,他们引

下图:**英格兰国王爱德华二世1308年1月与法兰西的伊莎贝拉结婚。伊莎贝拉是法国国王腓力四世的女儿,这让爱德华二世和伊莎贝拉的后代对法国王位有继承权,后来导致冲突无数。**

右图：1308 年 1 月，爱德华二世与法兰西的伊莎贝拉在滨海布洛涅举行婚礼；同年 2 月，伊莎贝拉抵达英格兰并加冕为英格兰王后。二人关系开始时比较融洽，但最终兵戎相见。

用萨利克法，宣布爱德华三世没有继承权。自法兰克王国时期起，法国就按照萨利克法规定王位继承权。该法律实行男系长子继承制，王位由最年长的男性子嗣继承；若是没有男性子嗣，则由血缘关系最近的男性亲属继承。爱德华三世与法国王位的关系来自于母系，因此他不具有继承权。最终，查理的堂兄腓力继承王位。

爱德华三世不仅没有得到王位，新君还要求他作为阿基坦公爵，必须向法国国王称臣。1329 年，爱德华三世的确满足了法国国王的要求，不过他这样做的时候戴着英格兰的王冠。这个举动对缓解双方紧张的关系没有起到太大的作用。后来冲突升级，法国国王决定剥夺阿基坦公爵的土地。作为回应，爱德华三世则置疑腓力六世作为法国国王的合法性。尽管许多法国人认为，1329 年爱德华三世不情愿的称臣举动已经表明他放弃了对法国王位的诉求，但爱德华三世这次还是卷土重来了。1340 年，爱德华三世率大军登陆法国被击退，但在后来发生的斯鲁伊斯海战中，英格兰人大获全胜。这一役让英格兰国王赢得了对英吉利海峡的控制权，这让英格兰国王随时可以率军进攻法国，从而降低了法国入侵的危险。

在参与布列塔尼爵位继承战争之后，爱德华三世于 1346 年对法国进行了一次大规模远征。这次远征以突击为主要战术，靠抢劫来造成政治

和经济上的破坏,而并不是攻占如城市和城堡之类的战略要地。从卡昂出发进军低地国家时,爱德华三世的军队为了顺利渡过塞纳河而朝南行进。大军接近巴黎,但是爱德华三世并没有进攻巴黎,而是在法国军队的追击下朝东北方向前进。

最终,爱德华三世决定与法军正面交战,这就是克雷西战役。在这场战役中,爱德华三世将轻重装备部队结合在一起,与法国以重骑为主的军队形成了鲜明对比。轻骑和步兵为长弓手做了最好的掩护,击散了法军散乱的冲锋。此役英格兰大获全胜,得到了加莱港。

这就是英法"百年战争"的序幕,但紧接着横扫欧洲的黑死病,暂时中断了这场战争。直到1356年英格兰才再次在法国展开新的军事行动。这一次他们以加斯科涅为跳板,在普瓦捷战役中俘虏了法国国王约翰二世。国王被俘导致的摄政期,令法国国力衰弱,英格兰又趁法国内乱之机再次入侵。

英格兰的目标是攻占兰斯,即法兰西国王的加冕之地,最终围攻没有成功。兰斯艰苦地抵抗了整

左图:1346年的克雷西战役,英格兰国王爱德华三世利用略微上升的地势削弱法军的冲锋势头。长弓手在步兵的保护下阻止了法军突破人数占劣势的英军防线。

理查二世登基时才 10 岁，这让大权落入摄政之手。在得到实权后，他的统治以"暴政"著称。

整五个星期，英军只得调转方向进攻巴黎，但同样没有任何进展。最后双方达成和平协议：爱德华三世重新得到了在阿基坦的地产，公国还有所扩大，但同时他宣布放弃对法兰西王位的继承权，还放弃了安茹和诺曼底等一些地区的继承权。

在一段时间的和平之后，法国和英格兰又因为卡斯蒂利亚王位发生了纷争，最终导致双方于1369年再次交战。尽管这一次爱德华三世再次宣布自己对法国王位的继承权，但是却大势已去。他的健康状况开始恶化，他的儿子（名字也是爱德华，他在历史上有个更著名的称号是"黑太子"）也身染重病。两人在一年内相继去世。1377年，"黑太子"爱德华的儿子继承王位，他就是理查二世。登基之时才不过10岁。

理查二世尚年幼，主要受宫廷一群宠臣的操纵。1387年另一群自称"上诉领主"的贵族清除了这群宠臣，取而代之操纵国王，统治英格兰整整两年。理查二世越来越不受爱戴，还与"上诉领主"达成协议，协议有效期从1389年直到1397年。此后理查二世果断采取行动重新控制国家。

之后，理查二世的所有决定被人们认定为"暴政"。他剥夺了亨利·博林布鲁克的所有财产，后者是理查的叔叔、冈特的约翰之子。亨利在流放后回到英格兰，成功废黜了理查二世。1400年，理查二世在狱中神秘地死去。

英格兰国王亨利四世

亨利·博林布鲁克加冕成为亨利四世。他本希望与法国继续交战，但是最终他被内部混乱缠住：威尔士叛乱，苏格兰战事再起。后者导致亨利四世与英格兰北部有权势的珀西家族陷入公开冲突。

同一时期，法国也面临内乱，无法对外作战。亨利四世去世后情况发生了改变，1413年亨利五世继承王位，数月内他就开始制订利用法国的虚弱乘机进攻的政策。他故意向法国国王提出不可接受的领土要求。在法国国王拒绝后，他开始制订入侵法国的作战计划。

上图：因被理查二世剥夺了财产，亨利·博林布鲁克在流放后回到英格兰，并废黜了理查二世，成为英格兰国王亨利四世。他统治时期英格兰陷于内部争斗，有一些甚至延伸到了玫瑰战争时期。

玫瑰战争

第一章　玫瑰战争探源

亨利五世的加冕礼于 1413 年在威斯敏斯特教堂举行

1413年亨利五世加冕时，法国国力虚弱，作为爱德华三世的后裔，亨利五世此时出击争夺法国王位是再好不过的时机。法国抵抗侵略可能反应缓慢、毫无组织，甚至是三心二意。

法国国王不受欢迎，国家财政面临重重困难，在这种情况下，一些法国贵族可能不反对甚至是支持英格兰国王前来争夺法国王位。

1380年，法国国王查理六世即位时，不过11岁。这样的年纪根本无法行使职责，所以查理六世的四位叔叔——当然都是大权在握的贵胄，完全按照各自的意志行事，统治着法国到他14岁成年。又过了若干年，直到查理六世真正掌握权力时他的摄政王们早就造成了非常严重的问题。

查理六世的四位叔叔只在乎自己的私利，挥霍王室财富，用于中饱私囊，其他重要事务一律靠边站。赋税不断增加，宫廷钩心斗角愈演愈烈，导致一系列的暴动甚至叛乱。查理六世真正掌握大权后，才开始努力恢复秩序。这一时期他非常成功，以至于被人们称为"可爱的查理"，因为他的政策带来了短暂的繁荣。

"可爱的查理"的家族自1392年他第一次发病后，开始受到精神疾病的困扰。在前往布列塔尼的路上，查理六世忽然陷入到了剧烈的疯狂

1415年,亨利五世在阿金库尔取得了伟大的胜利,这或许导致法国国王查理六世精神错乱而又一次疯病发作——这一状况甚至遗传给了他的后代。

之中。在被制服之前，他拔剑杀死了自己的数位随从。后来他的病情不断加重，随时可能攻击身边的任何人，或者是仓皇地躲避不存在的刺客。在不发病时，他非常清醒理智，但是已经无法治理国家。这造成了法国国内新一轮的争权夺势，最终演变成了以勃艮第公爵与阿马尼亚克公爵贝尔纳七世为首的两大阵营内战。

法国陷入了这样的混乱，英格兰国王亨利五世认为此时正是最好时机，可以大举进攻并赢得土地。他的军事计划遭到了议会的反对，后者坚持谈判，直到1415年议会才同意与法国开战。

针对亨利五世的密谋

尽管亨利五世在入侵法国的问题上，最终还是用尽手段获得了议会的支持，却不得不面对国内的动乱，若要远征必须首先解决这些动乱。尽管他在英格兰的贵族中树立了威信，帮助他们恢复了在其父统治期间丢失的财产。不过在他执政的前两年，贵族们还是给亨利五世造成了不少麻烦。

首先的挑战来自于一场宗教运动，也就是所谓的"罗拉德派"（威克利夫派）。这一派反对天主教的多处教义，认为：宗教是个人事务，而

下图：1392年，法国国王查理六世忽然发疯攻击自己的随从。随着疯病一次次发作，他得到了"疯子查理"的绰号。这种不正常的精神状况甚至传给了他的后代们，其中也包括英格兰国王亨利六世。

上图：亨利五世接到密报，侥幸逃脱了罗拉德派劫持他的阴谋。尽管有些资料指出他们有十万人，事实上只有三百名罗拉德派的支持者到达伦敦。这些人轻而易举地被王室卫队逮捕。

圣经应该翻译成英语，让所有讲英语的人能阅读。他们也反对教会在政治上的影响力及其财富，认为宗教应该和政治分开。这些危险的想法与当时既定的秩序相违背，尽管不少有权势的贵族支持这一运动。

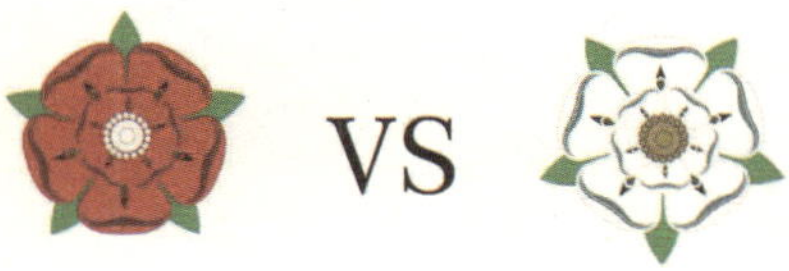

支持该派的贵族中有一位是冈特的约翰。他是兰开斯特公爵，也是亨利五世的祖父。其他支持罗拉德派的贵族只是暗中秘密接受该派的思想，毕竟在那个时代这些思想被视为异端。罗拉德派运动被视为对社会现有秩序的严重威胁：当时这一威胁如此致命，以至于冈特的约翰之子亨利四世制定法律，禁止罗拉德派的一些行为比如将圣经翻译为英语；他还制定法律

 VS

亨利·博林布鲁克作为冈特的约翰之子，在血统上确实对英格兰王位有继承权。但是，他之所以能成功登上英格兰王位，主要是由于理查二世越来越不受欢迎，并不是他继承的合法性。

允许将异端绑在火刑柱上烧死，这一刑罚在亨利五世统治时依然有效。1413 年，就在亨利五世加冕之前，他的一位朋友约翰·奥德卡索因为参加罗拉德派被指控为异端。亨利五世尝试着劝说奥德卡索放弃异端思想，但没有成功。

这让亨利五世陷入了两难境地。他不想对朋友痛下杀手，但罗拉德派对于自己的王国和统治是严重的威胁，何况他还需要教会和大贵族们的支持。最后国王决定继续对奥德卡索进行审判，同时也决定再次亲自劝说好友，并同意暂时停止关押奥德卡索。亨利五世这样的宽容是搬起石头砸自己的脚。奥德卡索离开伦敦塔后，立刻召集罗拉德派发动叛乱。他计划绑架国王，然后立自己为摄政王，这样就可以变革社会和宗教改革，让罗拉德派大行其道了。亨利五世得到密报，因此得以逃脱，但是奥德卡索此后策划了无数密谋直到 1417 年。这些各种各样的密谋中就包括"南安普敦阴谋"。这些阴谋诡计并没有什么效果，最终奥德卡索还是被捉住。1417 年他被判死刑，史料对此说法不一，有记载认为他被当作异端烧死，而另外一些资料则显示他被吊死后再被焚烧。不管是哪一种，亨利五世被逼无奈处死了自己的老友，而且是以极其残酷的方式，为的是维护自己统治的稳定。

埃德蒙·莫蒂默争夺王位

持续更长久的问题是埃德蒙·莫蒂默宣称自己有英格兰王位的继承权。埃德蒙·莫蒂默本来是马奇伯爵，是爱德华三世次子的后裔。这让他在继承顺序上优先于亨利五世，因为亨利五世是爱德华三世第三个儿子的后裔。何况莫蒂默及其父亲本来就是理查二世的假定继承人；也就是说，除非理查二世有男性继承人，否则英格兰王位应该由莫蒂默家族继承。而当理查二世被他的堂兄亨利·博林布鲁克（即亨利四世）废黜时，情况自然发生了变化。

1403 年，诺森伯兰伯爵、实力雄厚的珀西家族叛变并试图推翻亨利四世。最终叛变失败，领导者被逮捕后判处死刑，并以英式车裂[1]的极刑方式被残酷杀死。诺森伯兰伯爵侥幸逃脱到了苏格兰，并组织起另外一支叛军。1405 年第二次反叛也被击败。这一次叛军的首领未经审判被全部斩首。1408 年，第三次叛变也被击退。平定叛乱立下奇功的年轻人，就是后来的亨利五世。

在 1403—1408 年的几次叛乱中，有谣言说理查二世还活着，且被流放在苏格兰宫廷中。若是叛乱成功，那么理查二世将取代亨利四世而继续当国王。这样说来，马奇伯爵埃德蒙·莫蒂默

---

1 犯人会先被吊起来，但不立即吊死；然后剖开犯人腹部，取出内脏及切除其生殖器并于其眼前烧毁（一说逼迫犯人将其吃下）。最后犯人会被斩首，身体亦会被分为四块。效果相当于车裂和凌迟的结合。其残肢会被送到国内各处展示。——译者注

也是取代亨利四世的人选。尽管这些叛乱都被剿灭，但是亨利四世去世，其子亨利五世登基之后，这种谣言却并未消失。

在亨利四世统治期间，埃德蒙·莫蒂默及其弟弟罗杰·莫蒂默被当作人质，受到亨利四世的严密监视，主要负责看管这两位的就是未来的亨利五世。埃德蒙和亨利五世年纪相仿，尽管因为被夺走继承权，埃德蒙心中积攒了不少怨恨，但他依然是亨利五世的坚定支持者。亨利五世登基后，通过的前几项决议中，有一项就是释放莫蒂默兄弟，并下令让他们加入了巴斯骑士团。1415年，莫蒂默是赞成亨利五世进攻法国计划的议会一员，随后也参加了亨利五世的远征。就是在这时，他得知了一场针对国王的阴谋。

这就是著名的"南安普敦阴谋"，也被称为"剑桥阴谋"，因为策划这一密谋的首领是剑桥伯爵科尼斯伯勒的理查。他和不满的贵族们计划当亨利五世在南安普敦港做进攻法国前的最后准备时，将其与其兄弟们一同刺杀，并将埃德蒙·莫蒂默带到威尔士立为新君。莫蒂默得知了这一密谋后向亨利五世揭发了这一计划，所有策划者都被逮捕。事实上，莫蒂默还参加了调查此次阴谋的委员会，并将他的姐夫剑桥伯爵判处死刑。

后来，莫蒂默随着亨利五世远征法国，但在攻占阿夫勒尔时身患痢疾不得不返回英格兰。康复后他再次出征，在亨利五世的法国妻子瓦卢瓦的凯瑟琳的加冕中起了至关重要的作用。他对英格兰王位的合法继承权确实可以让他本人或者他的后裔成为宫廷密谋的中心，但是莫蒂默去世后没有留下后人。1425年他死后，他的财产被转给了约克公爵理查。

亨利五世出征法国

在"南安普敦阴谋"被揭发并调查期间，亨利五世已经准备好了侵略法国的军队。1415年8月，他的部队登上了欧洲大陆，并迅速开始进攻阿夫勒尔港。这场战役在莎士比亚的笔下已经化为不朽，而占领该港也将打通一条通往英格兰的补给线，装备和增援部队通过被占领的港口可以源源不断地进入法国不受阻碍；若是此役不成，那亨利五世的军队若是遇到进攻，将陷入既无补给也无退路的绝境。

此次攻城战采用了那个时代常用的策略。在用重兵围城切断法军的补给后，英格兰人架设大炮，在弓箭手的掩护下将城防撕开缺口。最终，守城方要求休战，若是9月23日前没有救兵解围则献城投降。除了一些附近的地方武装外，在长达一个月的围城中，没有任何一支法国军队赶来援救，所以阿夫勒尔按时投降。尽管首役取得

右图：埃德蒙·莫蒂默是亨利四世的潜在威胁，因此被逮捕并长期受到监视。他成为那时年轻的亨利五世的好朋友和支持者，在亨利五世登基时便被释放。

第一章 玫瑰战争探源　31

成功，亨利五世却陷入了困境。疟疾在军中蔓延开来，夺去许多人的性命，加上攻城战中伤亡的将士，远征军人数大幅减少，使得亨利五世无法继续他在法国的军事行动。但撤回英格兰等于承认失败，因此亨利五世坚决地进军加莱。

亨利五世的计划是采取精兵突击的战术。正如其名，这个战术就是用小股骑兵突击，但是亨利五世希望利用这一战术，让剩下以步兵为主的部队在敌方境内造成相同的破坏力。这支军队将破坏所有不能携带之物，显示出法国国王保家卫国无能，在经济和政治上给法国带来双重打击。

这样的战术将让亨利五世率领残部不会无功而返，但是到达加莱需要渡过索姆河，这意味着必须向南推进，以找到合适的渡口。同时，法军完成了集结并朝着英格兰入侵者的方向扑来。他们成功地阻击亨利五世的军队，挡在了英格兰人和他们的目标之间。在无法突破或绕过法方阵地的情况下，亨利五世被逼无奈只好和对手在法国西北部的阿金库尔附近一决雌雄。

约两万名法军由法国大元帅[1]查理·德·阿尔布雷特率领。从战略角度而言，法军占有极大优势，英格兰军队人数远远少于法军，缺少补给，而且军中还瘟疫横行。参加战斗的约6000名英格兰人大多数是长弓手，很

---

[1] 法国大元帅一职来自拉丁短语"comes stabuli"，起初为东罗马皇帝的马厩管理者，西欧在法兰克加洛林王朝时期借用了此词。在卡佩王朝时期，其权限扩展，有了军事指挥上的职能。——译者注

左图：长弓在英式战法中有着至关重要的地位，它有效地增加了打击敌人的距离。距离较近的敌人则以成排的尖桩以及保护长弓手的步兵来对付。

第一章 玫瑰战争探源 33

对阿金库尔战役戏剧化的想象。亨利五世选择了有利地形，逼得法军落入了英格兰长弓手最具威力的射杀范围之内。

和其他所有王室一样，亨利五世的封印精美绝伦。这一印章标志着一份文献等于法律，更重要的是，它代表了国王使用武力强迫别人接受自己意志的力量。

多人因为身染严重疟疾而不得不脱了裤子上战场。英方只有大约 750 名重装骑士，法方则有约 7000 名重装骑士，还有约 14000 名步兵，因此法军机动性更好，战斗力也更强，实际上完全可以阻挡在英军面前，等待英军消耗完补给自动投降，但是，英方进军并在法军进入长弓手射程之时乱箭齐发，攻击法国人的前部，于是法国人决定进攻。

法方骑士们由于战场两侧的森林只能鱼贯而出，这为英格兰长弓手提供了理想的进攻条件。那些踏着被射死同伴的尸体而冲到了英军阵线的法军，结果却陷入了沼泽泥泞中，被英格兰步兵俘虏。在法军的猛烈进攻下，亨利五世率领着人数远少于敌军的残部，还是抵挡住了法军的进攻，但是慢慢法军占了上风。而当亨利五世决定处死所有的俘虏以防止他们再拿起武器时，局势发生了变化。作为指挥官这不是亨利五世唯一的残酷决定，尽管这个决定更多地出于现实角度，并非全然出于他性格中的冷酷。

阿金库尔一役的胜利并没有能扭转整个局势：尽管法国于 1416 年大举进攻，但英方一直占领阿夫勒尔港。1417 年开始，亨利五世再次入侵法国，围困鲁昂，直到 1419 年该城投降。亨利五世再次显示了他的冷酷，许多反对他的人都被处死。被围困的鲁昂城饥荒蔓延，走投无路的妇女和儿童出城请求放行。亨利五世拒绝放行，眼睁睁看着他们在城墙外和英军阵地之间被活活饿死。

《特鲁瓦条约》

1419 年末，亨利五世的大军逼近巴黎，法国王廷此时因为查理六世的疯病和内部斗争完全瘫痪——查理六世不再是"可爱的查理"，他的绰号已经变成"疯子查理"。法国已经无力反抗，查理六世被迫签订了《特鲁瓦条约》，在其中亨利五世被指定为法国的摄政，同时还是查理六世王位的继承人。1420 年，亨利五世与查理六世的女儿瓦卢瓦的凯瑟琳结婚。后来，她为他诞下一名男婴，便是未来的英格兰国王亨利六世，这名男婴和他的外祖父一样都患有疯病。

1421 年至 1422 年，亨利五世继续在法国进行军事行动，但是他并未被加冕为法兰西国王。就在查理六世去世前两个月，亨利五世因身染重病而英年早逝。他尚在襁褓中的幼子因此继承了英格兰王位，这在英格兰造成了巨大的权力真空，最终导致玫瑰战争的爆发。

约克的理查的早期生活

理查·金雀花生于 1411 年，在其叔叔约克公爵爱德华战死在阿金库尔战役之后，成为第三代约克公爵。这时他才 4 岁，所以置于威斯特摩兰伯爵拉尔夫·内维尔的监护下。同一年，理查的父亲、第三代剑桥伯爵科尼斯伯勒的理查因为参与"南安普敦阴谋"而被处决。

成为约克公爵的理查是爱德华三世的曾孙。他在继承权上排位较靠后,他的祖父兰利的埃德蒙是国王爱德华三世的四子,兰利的次子就是理查的父亲。无论如何,若是在英格兰王位没有继承人的情况下,理查依然有继承王位的可能。理查的母亲是第四代马奇伯爵罗杰·莫蒂默的女儿。莫蒂默也是爱德华三世的直系后裔,因为他的外祖父安特卫普的莱昂内尔是爱德华三世的次子。实际上,由于亨利六世出自爱德华三世的第三子,理查比他更接近王位。

中世纪时一个残酷的现实就是:近亲之间可能有一个人因背叛国王而被处死,另一个人则参与了处死他的过程或者在这个过程中扮演了重要角色。这样的情况也发生在约克的理查身上:他本人是亨利五世统治中的一员,因此是国王的臣下,但理查的父亲参与了刺杀国王的计划,而其叔叔则忠于国王,在阿金库尔一役中战死。

家庭成员卷入叛变,对于整个家庭而言可能是灾难性的,但大多数情况下,只有犯罪的个体

下图:约克公爵理查是一位成功的军事指挥官,很受英格兰人的欢迎。亨利六世出生前,他一直被视为英格兰王位的继承者。在亨利六世的疯病发作前期,他亦是英格兰的摄政。

被惩罚,而家庭的其他成员则保留自己的地位和土地。若是某位国王报复心强或者想把权力和财富转给自己的宠臣,那么他可能会利用一个家族中某个成员的罪行,来剥夺这个家族其他成员的财产或头衔,但是如果这样的处理太多可能会削弱支持国王的社会结构。因此,尽管理查叔叔的大部分地产按照协议已经归还给了国王,理查还是保有了足够的土地,能够让他在成年时拥有强大的权力和财力,因此他也能成为宫廷的重要成员。1425年当他继承了马奇伯爵的领地时,理查的地位又一次提升。

这时,约克的理查成为英格兰国王之下最有权势的人,因此也成了国王的眼中钉。为了不让理查成为麻烦,一个办法是派他去海外执行重要任务:1436年,国王委派他守卫在法国的英格兰领地,因此,理查成为法国总督。这一位置责任重大,也只有国王信得过的人才得以担当,理查是英格兰国王在欧洲大陆上的全

下图：萨默塞特公爵约翰·博福特，他虽然受到王室宠爱，却是一位相当低能的军事指挥官。他在加斯科涅的军事行动遭到了可耻的失败，并产生了让约克的理查不满的副作用。

权代表，以英格兰国王的名义手握军事及政治大权。当然，理查也要对所管辖军队的财政负责，要为维持军队捐出大量财富。这倒不算新鲜，他的前任贝德福德公爵也做了同样的事。

维持英格兰领地

然而，为了维持法国北部的英格兰领地，理查手中的军事资源让他对于局势的控制越来越力不从心。1435年签订的《阿拉斯条约》，使得勃艮第公国从英格兰的盟友变成了法国的盟友，让法国得以调动资源对付英格兰，勃艮第也不再支持英格兰人争夺法国王位。1443年，在加斯科涅的军事行动代价高昂，最终却无功而返，这让情况再次恶化。这次军事行动由约翰·博福特指挥，他刚刚由萨默塞特伯爵提拔为公爵，其军事能力对英军而言真是一场灾难。约克的理查守卫诺曼底所需要的军力，全被挥霍进了加斯科涅的军事行动中，而且毫无收获。1444年博福特去世，据信死于自杀。

理查对英格兰的不满以及对博福特家族的厌恶可能来源于此。指派博福特指挥这次军事行动，等于实际上降了理查的职：他从法国总督成为管理诺曼底的代表。1445年理查返回英格兰，他表示反对与法国新近达成的和平协定。或许是国王不想让他靠近宫廷，1448年他又被指派为爱尔兰总督。法国总督一职则交给了博福特家族的另外一位成员——萨默塞特伯爵埃德蒙。1448年他被提升为萨默塞特公爵，正如当年他的兄长约翰·博福特被提升一样，但是他在法国同样非常不成功。

爱尔兰对于英格兰而言非常重要，但是远没有法国总督位高权重。国王准备让理查担任的任期长达十年，这样他就不会参与到英格兰政治中来，而且作为总督还保留了必要但是没有实权的地位。不过，理查直到1449年才到达爱尔兰，他一直忙于打理自己的地产和其他要务。尽管理查一直是英格兰对法国政策的批评者，他认为应该出兵交战而不是保持和平，但是远在爱尔兰的他，也无法对这些政策产生影响。

背景知识

兰开斯特家族

这个家族的名称来自于兰开斯特公国，其历史可以追溯到1264—1267年的第二次诸侯战争。在诸侯首领战败后，他们被剥夺了所有地产，尤其是莱切斯特伯爵西蒙·德·孟福尔的大量地产，被亨利三世赐给了自己的次子埃德蒙。这些地产便构成了兰开斯特伯国。

第一位兰开斯特公爵是格罗斯蒙特的亨利，他因为在对法国作战中功勋卓著，而被提升为公爵。继承这一头衔的是冈特的约翰，因为他娶了亨利的次女布兰奇。冈特的约翰是爱德华三世的儿子，在他侄子理查二世年幼期间担任摄政时权倾朝野。

1399年，冈特的约翰去世时，他的所有财产被理查二世没收。约翰的儿子及继承人亨利·博林布鲁克从流放中赶回英格兰，废黜了理查二世，成为兰开斯特王朝首位英格兰国王。他的儿子亨利五世及孙子亨利六世继续这一王朝的统治，直到1461年亨利六世被废黜。从1422年至1453年，亨利六世同时还担任法兰西国王，尽管在这一点上史学界有争议。

1470—1471年，亨利六世又短暂成为英格兰国王，但此后被囚禁在伦敦塔内直至死去。他唯一的儿子爱德华也于1471年死在战争中，于是亨利·都铎成为兰开斯特家族绝嗣后最重要的王位继承者。亨利七世是都铎王朝第一位君主，兰开斯特王朝结束。

左图：兰开斯特本来是西蒙·德·孟福尔的属地，他在与率领其父亨利三世军队的爱德华王子（即后来的爱德华一世）交战时身亡。于是兰开斯特成为王室属地，并逐渐演变为公国。

背景知识

约克家族

与兰开斯特家族相类似的，约克家族同样来源于英格兰金雀花王朝。第一代约克公爵是兰利的埃德蒙，他是爱德华三世的第四子，在理查二世远征期间担任摄政王以及一些其他重要职位。1385 年他被晋升为公爵。

1399 年兰利的埃德蒙出兵阻止亨利·博林布鲁克（即后来的亨利四世），最终他还是决定支持亨利废黜理查二世，但是很快约克家族便与统治的兰开斯特家族陷入不睦。埃德蒙的长子诺里奇的爱德华（第二代约克公爵）在阿金库尔战役中战死，而同一年，埃德蒙的次子剑桥伯爵科尼斯伯勒的理查卷入了南安普敦刺杀亨利五世的阴谋中而被斩首。

科尼斯伯勒的理查就是约克公爵理查·金雀花（第三代约克公爵）的父亲，而后者一直是约克家族继承王位的主要人选，到 1460 年他去世为止，也一直是约克家族阵营的首领。科尼斯伯勒的孙子就是理查三世，他是金雀花王朝最后一位国王；理查三世唯一的合法继承人、其子威尔士亲王米德尔赫姆的爱德华于 1484 年去世。

理查三世的侄女约克的伊丽莎白嫁给了亨利·都铎——这位兰开斯特家族最有竞争力的王位继承人——最终他们一起开创了都铎王朝，这个王朝中出现了亨利八世及伊丽莎白一世等著名君主。都铎家族的徽章是红白相间的"都铎玫瑰"，象征着两大家族的合一以及英格兰历史上一段血腥历史的终结。

右图：兰利的埃德蒙是第一代约克公爵。他是"黑太子"爱德华及冈特的约翰的弟弟。他多次参加远征法国的战役，曾在攻打利摩日战役中与"黑太子"并肩作战。

格洛斯特公爵汉弗莱是对法国作战的主要倡导者，自1425年起与博福特家族不睦，起初还有其好友贝德福德公爵从中调解，但是在好友去世后格洛斯特对博福特家族的敌意与日俱增。

摄政权

1422年亨利五世去世时,亨利六世还不满周岁。亨利六世的外祖父、法兰西国王查理六世两个月后也去世了,这个孩童按照协议也成了法兰西国王。1429年他才加冕为英格兰国王,一年之后又加冕为法兰西国王,但是即使这时他依然是个孩子,无法行使权力。

在这段权力真空期中,亨利六世的王国由一个大贵族委员会执掌,这个委员会的首领是亨利六世的叔叔格洛斯特公爵汉弗莱。汉弗莱是亨利五世最年幼的弟弟,而且他非常忠于亨利五世。当他在阿金库尔战役中受伤倒地时,正是国王亲身保护打退了法国骑士,才保住了他的性命。汉弗莱还曾经负责审理"南安普敦阴谋",因此他是亨利五世去世后,年幼的亨利六世需要的摄政王的理想人选,尽管委任他让许多人不满。

最后摄政要务由汉弗莱及其哥哥贝德福德公爵兰开斯特的约翰负责,但是,后者作为法国摄政,主要精力都消耗在了与法国人作战上。格洛斯特公爵的对手们多次请求他回英格兰,并担当起摄政职务,但是贝德福德公爵并没有这样做。尽管有圣女贞德事件,他还是打败了法国人,为亨利六世加冕法国国王铺平了道路。

格洛斯特公爵最主要的对手之一是亨利·博福特枢机主教,他曾不止一次出任英格兰宰相一职。1431年,博福特枢机主教主持了对圣女贞德的审判,并判处她死刑,此后他便退出了政坛。贝德福德的约翰于1435年去世,这让格洛斯特的汉弗莱大权在握。曾经一度他不可一世,权倾朝野。但是汉弗莱对国王的影响力逐渐减弱,最终被萨福克伯爵威廉取代。伯爵是年轻国王眼前的红人,他利用国王对自己的宠爱为自己攫取权力。

上图:亨利·博福特枢机主教是冈特的约翰之子,是格洛斯特公爵的长期对手。他一直倡导与法国维持和平,最终促使双方于1444年达成和平协议。

威廉保持伯爵的头衔一直到 1444 年，因为他与博福特枢机主教结成同盟，并在《图尔条约》的谈判中功勋显著而被晋升为侯爵。按照这一条约，曼恩和安茹两地被割让给法国国王，作为交换，亨利六世可以迎娶安茹的玛格丽特。割让土地这个条件当时并没有向议会公开。

格洛斯特公爵在伦敦市民以及其他他担任领主的地区很受欢迎，但是他逐渐被政敌排挤成为国王宫廷中的边缘人物，最终被打倒。他的第二任妻子埃莉诺·科布汉被指控对国王行巫蛊，所有与她有关的人员都以行巫罪被判死刑。她被迫与格洛斯特的汉弗莱离婚，并被囚禁。这给格洛斯特公爵的名誉带来了极大损害。1447 年他以叛国罪被逮捕。数日内他便去世了，尽管当时有谣言说他死于毒杀，但最大的可能是自然死亡。

逮捕格洛斯特公爵是在萨福克侯爵的煽风点火下才实施的，而萨福克侯爵则依然是国王眼前红得发紫的人物，但是，1446 年，割让曼恩和安茹被公众知晓，这让许多贵族非常不满并强烈反对，其中就包括约克的理查。当然把约克公爵派往爱尔兰就是为了能让他远离朝政。1448 年，萨福克侯爵再次晋升成为萨福克公爵，后来还担任了非常重要的职务，比如海军最高统帅[1]。这时他在宫廷的影响力达到了顶峰，亨利六世完全在他的控制之下。不过一系列在法国的失败让英格兰失去了大片土地，也让曾经参与《图尔条约》的萨福克侯爵受万夫所指。

由于越来越不受欢迎，加之在法国的不断失利，最终萨福克侯爵招致怀疑，1450 年他被逮捕。亨利六世以朋友的身份出面保护他，但萨福克侯爵还是被判流放五年。萨福克侯爵启程前往加莱但却没能到达，在埃克塞特公爵的命令下，载有他的小船被拦截，他被捉住后，在海上被斩首。

同时，另外一位国王的宠臣埃德蒙·博福特也被晋升为萨默塞特公爵。他为了夺回法国境内损失的土地进行了一系列行动，但是都没有成功。截至 1453 年，英格兰唯一控制的法国境内领土仅剩下加莱。亨利六世此时已经三十多岁，早就应该能够管理朝政，但是，这位性格懦弱、偏听偏信的国王完全被一群像萨默塞特公爵一样的宠臣们控制着。尽管亨利六世成年后便再无摄政监国，但是争夺控制他及他的王国的斗争却永无休止。

---

[1] 即 "Lord High Admiral of England"，此国务重臣中的头衔在 15 世纪初创立，是名义上的英格兰海军的最高统帅，往往由王室成员担任，而不是专业的海军军官。——译者注

格洛斯特公爵汉弗莱的第二任妻子埃莉诺·科布汉,在被指控行巫及叛国罪后,被迫服刑。她的同谋都被处决。尽管格洛斯特没有参与其中,这一案件还是破坏了他的名誉。

玫瑰战争

第二章　亨利六世的早期统治

瓦卢瓦的凯瑟琳和英格兰国王亨利五世的婚姻让遗传的疯病进入了英格兰王室，带来了可怕的后果

亨利六世生于1421年12月6日。他的母亲是法国国王查理六世的女儿瓦卢瓦的凯瑟琳。她与英格兰国王亨利五世的婚姻是条约的一部分。这一条约签订前经历了漫长的谈判过程，其目的是解决英法之间的领土纠纷。

1421

年，亨利五世再次出兵征战法国，不过没有取得完全的成功。他本人身染疾病，在法国去世，据信是在围攻莫城时得了痢疾。他尚在襁褓中的儿子亨利成为英格兰国王；两个月后，查理六世去世，这个婴儿又继承了法兰西王位。

亨利六世被交给沃里克伯爵理查·德·博尚教养。沃里克伯爵是亨利五世的坚定支持者：平定珀西家族叛乱、剿灭独立的威尔士最后一位王子欧文·格兰道尔的力量、征战法国，一直功勋赫赫。伯爵到过许多地方——圣地、意大利、俄罗斯及许多德意志诸侯小国。1428年沃里克伯爵被委派负责国王的教育，他致力于把亨利六世培养为一个善良和虔诚的人。从这个角度而言，沃里克伯爵取得的成功似乎过了头：亨利六世为人善良，有很好的教养，但他不是战士，身上也没有那种成为伟大君王所需的顽强。亨利六世非常容易受自己喜爱的大臣的控制，于是他的宫廷被一些个人意志强大、有权势的人控制着，这些人做事并不总以英格兰的国家利益为先。

1429 年亨利六世加冕英格兰国王时还是个孩子，1431 年他又加冕为法兰西国王。

人物介绍

瓦卢瓦的凯瑟琳

凯瑟琳是法国国王查理六世与巴伐利亚的伊莎贝拉之女。她受教育的程度不高，但是对于威尔士亲王亨利（即后来的亨利五世）而言是理想的结婚对象。开始时，亨利求婚屡遭失败，因为英格兰索要土地和大量嫁妆，但最终在1420年签订的《特鲁瓦条约》中双方达成协议。这主要归功于凯瑟琳的母亲伊莎贝拉王后的调解，她在丈夫不停经历疯病发作时担任法国摄政。

左图：瓦卢瓦的凯瑟琳不仅仅是英格兰国王亨利六世的母亲，由于她第二次婚姻嫁给了欧文·都铎，也使她成为亨利·都铎的祖母，而正是亨利·都铎结束了玫瑰战争。

《特鲁瓦条约》并没有结束英法两国之间的争斗：1422年，凯瑟琳的丈夫亨利五世在出征法国途中去世。凯瑟琳不顾英格兰大贵族们的反对再婚，并嫁给了欧文·都铎。他们一共育有四个孩子，长子便是里士满伯爵哈德姆的埃德蒙，他是亨利·都铎（即亨利七世）的父亲。

1423年起，还是孩子的亨利六世，以国王的身份在公众场合出现，并且参加议会议事。1429年他在威斯敏斯特教堂正式加冕为英格兰国王，1431年在巴黎加冕为法兰西国王。在亨利六世早期统治时，朝廷中最主要的斗争来源于两派：一方积极主张对法国继续战争，另外一方是以博福特家族为首的主和派。主战派一方以格洛斯特的汉弗莱为首，直到亨利六世1442年成年之前，他一直是国王最重要的顾问。

在格洛斯特慢慢隐退后，萨福克公爵威廉取而代之成为首席顾问。萨福克公爵主张与法国保持和平，而他也为此不停奔走，付诸实践。亨利六世与安茹的玛格丽特的婚约便是出自这一和平进程，其谈判基本由萨福克公爵完成。在玛格丽特到达英格兰时，他是这位未来王后认识的为数不多的大臣中的一员。在法国举行的婚礼庆典中，萨福克公爵是国王的全权代表；之后玛格丽特长途旅行抵达英格兰，1445年与亨利六世在蒂奇菲尔德修道院举行婚礼。此时她才15岁，但是其强烈、不愿妥协的个性已经显示出来，这将决

第二章 亨利六世的早期统治 47

亨利六世的加冕典礼神圣而庄重，尽管年幼的国王根本无法主政。即使后来长大成人，他依然无法胜任国王之位。

定她在玫瑰战争中的角色。出于以上原因，玛格丽特在宫廷政治中与萨福克公爵为首的主和派结盟也就不足为奇了。

对于萨福克公爵而言，与安茹的玛格丽特的友谊自然大有益处，绝不比他从与国王的友谊那里得来的好处少。尽管玛格丽特比自己的丈夫有主见得多，萨福克公爵还是几乎控制了整个宫廷。玛格丽特还热衷于为自己和自己的宠臣谋取财富，这让那些被排除在外的人越发不满。

1450年，萨福克公爵招致的怨恨大爆发，议会决定将其逮捕并囚禁。这反而给了安茹的玛格丽特可乘之机，让她成为英格兰政坛的重要力量。1453年她诞下一子爱德华后，在政治上的影响力大增；也就是在这一年，亨利六世开始出

第二章　亨利六世的早期统治　49

左图：沃克沃思城堡，是第一代诺森伯兰伯爵亨利·珀西名下最重要的要塞。珀西家族维护英格兰北部安全功不可没，因其实力雄厚而影响全国。

内部纷争

一国若是王权衰弱，有权势的贵族必然彼此明争暗斗，最后升级为战争。那时英格兰国内的珀西家族与内维尔家族势不两立也是如此。珀西家族世代为诺森伯兰伯爵，带着反骨出叛臣的传统。亨利四世去世后这一情况有所缓解，珀西家族被委派守卫英格兰北部不受苏格兰人侵扰。

内维尔家族同样在英格兰北部有众多地产，对于英格兰国王来说，这一家族是为了制衡珀西家族而被故意安插在这里的。传统上，东边区总督[1]（以特威河畔贝里克为中心）及西边区总督（以卡莱尔为中心）都由珀西家族担任，但是1400年代初由于其叛变，这两个职位都转给了

1　即"Warden of the East March"，英格兰的边区是为了防止北部苏格兰人造成的边患从13世纪末起设立的，传统意义上分成东部、中部和西部边区。此制度一直延续至1603年，因苏格兰国王詹姆斯六世兼领为英格兰国王（史称"詹姆斯一世"），此时形势已不需要边区，而被撤销。

现了疯病的症状，发作了几次。在亨利六世精神不正常的情况下，必须有一位监国来掌管国家事务，这样的肥差人人争而夺之，导致数十年的权力斗争。

右图：安茹的玛格丽特性格与自己的丈夫迥异。刚强傲慢的性格让她得罪了几乎身边的每一个人，不过她对此并不在意。玛格丽特与亨利六世同样热爱文艺，除此以外他们几乎没有共同点。

内维尔家族。

尽管1417年珀西家族重新得到了东边区总督的职位，西边区总督却一直留在了内维尔家族手中。总督之职权力颇大，威望甚高，由于长期和苏格兰人作战，总督手下聚集了不少精兵悍将；在财政上这个职位同样地位很高，国王要拨专款供其使用，偶尔由于国王没有能按时拨发资金，总督还会与其产生矛盾。总而言之这是个既有权又有钱的职位。

导致内维尔和珀西家族长期敌对的原因还有另外一个：15世纪早期的叛乱中两大家族站在对立面上互相交战，当内维尔家族雇佣当地人为西边区总督服务时，又造成了新的争论。这些被雇佣的人许多是珀西家族的臣属，毕竟珀西家族要靠这些土地吃饭。在这些国王分封、两大家族权力重叠的土地上，又因为内维尔家族更加富有，因此能比珀西家族给予属下更好的待遇，于是造成了两大家族更深的矛盾。

在与苏格兰人征战时，忠于珀西家族的军队在没有事先征得同意的情况下，穿过了西边区管辖地。这自然是外交事务，若是遇到强势国王从中调停或许得以解决，但偏偏亨利六世是个软弱之人。在没有国王力量干预的情况下，内维尔和珀西家族之间的矛盾升级，变成了公开争斗。委任威廉·珀西为卡莱尔主教一事，被内维尔家族视为奇耻大辱；不久之后两大家族间就发生了小规模的军事冲突。许多械斗发生了，尽管大多数都是破坏对方财产或者恐吓对方的忠实属下一类的小打小闹。亨利六世多次下诏，要求双方停止挑衅行为，但没有任何一派服从国王的旨意。

右图：雷比城堡由约翰·内维尔于14世纪30年代晚期所建。尽管内维尔与珀西两大家族的矛盾早于玫瑰战争，但是却成了影响这场大战的重要因素。

第一次真正的冲突，是由属于珀西家族的埃格勒蒙特领主托马斯挑起的，受害者是索尔兹伯里伯爵理查·内维尔。托马斯的本意是阻止一桩婚事——这桩婚事会让本属于珀西家族的土地易

手转给内维尔家族。内维尔家族的护卫随从在约克附近遭到袭击,但是最终杀出一条血路成功脱险。历史上对于此事件的记载互相矛盾,可以确定的是双方的确发生了武力冲突,但似乎并没有人在冲突中死亡。无论怎样,这桩冲突成为了双方互相武装抢劫的导火索,国王最终出面威胁若是双方不停止冲突的话,他将亲自率兵镇压,如此才避免了一场内战。尽管这招奏效,双方的确冷静不少,但是1454年末双方又发生了武装冲突。内维尔家族站到了约克公爵理查一边,这无疑会给他们带来巨大好处。他们的目的是扶植约克的理查成为摄政王;最终,这让内维尔家族和珀西家族又在玫瑰战争中成了死敌。

正当珀西和内维尔这两大家族在英格兰北部对峙之时,国家西部也发生了贵族大家族严重的冲突。15世纪30年代,以邦维尔领主威廉为首的邦维尔家族开始扩张并从中获得了巨大利益。这造成了其老对头、控制德文郡伯国的考特尼家族的不满。1437年,威廉·邦维尔获得了康沃尔公国的管理权——这一公国属于王室财产。这种管理权是上好的肥差,将给邦维尔家族带来巨大的声望,扩大其优势,但是就在第二年,德文郡伯爵也向亨利六世讨取该公国的管理权,竟然也得到了国王的恩准。

尽管有人尝试着劝说国王撤回这一错误的决定,邦维尔和考特尼家族的支持者还是形成了两大阵营,你争我夺;直到1444年,邦维尔被指定为加斯科涅总管后情况才略有好转。1447年他回到英格兰时获得了更多的职位和权力,使得邦维尔家族站在了兰开斯特王室阵营一边。于是,这使得其死对头考特尼家族加入了约克阵营。

然而,约克与内维尔家族的结盟又让考特尼家族从1455年起转投兰开斯特阵营,而邦维尔家族则转而支持约克阵营。1455年充满了暴力冲突,邦维尔家族一直在约克的保护下。这让邦维尔家族成为英格兰西部最强大的贵族,而考特尼家族则逐渐衰败。1458年德文郡伯爵去世,威廉·邦维尔也因为年事已高逐渐退出了政坛。1461年,邦维尔保护国王却迎来了自己的死期:已经成为约克军队俘虏的亨利六世,被扔在

右图:亨利·珀西爵士,更广为人知的名字是哈利·霍茨伯,因与苏格兰人作战而闻名。他对亨利四世统治日益不满,部分原因是由于国王所欠的债务,这导致了他对国王的反抗。

右图：杰克·凯德叛乱的基础是社会对亨利六世统治的普遍不满。一位软弱的君主，导致宠臣们为所欲为。在这样的腐败下，冤屈载道。

圣奥尔本斯战役的战场上，邦维尔在混乱中答应保护国王。尽管如此，事后他还是被王后安茹的玛格丽特以及她的儿子威斯敏斯特的爱德华下令处死。

杰克·凯德叛乱

众所周知的杰克·凯德本名约翰·凯德，他是1450年肯特大叛乱的领导者。这一次叛乱假冒马奇伯爵约翰·莫蒂默之名，借着他对王位的继承权而掀起了轩然大波。杰克·凯德是否是这次叛乱的初始发起人已经无从考证，但是当乱党7月初进入伦敦城时，杰克的确是指挥官。

关于凯德的出身也众说纷纭。据猜测他可能出身平民，曾在法国远征中当过步兵。尽管如此，他还是敏锐察觉到了人们对现任国王懦弱和堕落的不满。失去法国的领土使得亨利六世失去了许多民意支持，被斩首的萨福克公爵无头的尸体浮现在多佛尔海岸之时，有无数关于复仇及报应的谣言在民间传播开来。

不管国王对肯特的普通百姓将要报复的消息是否属实，他们的满腹牢骚最终还是导致了暴乱。

JACK CADE in Cannon Street declaring himself LORD of the CITY of LONDON

上图：凯德和叛军只是对萨耶领主进行了形式上的审判。不管他的罪名是否成立，被交到叛军手中的那一刻，他的命运早已注定。

暴民们首先撰写了陈情表，其中列举了腐败、迫害人民及国王放任宠臣等不公正的行为。当陈情表没有任何效果时，一场暴动开始了。

约5000名愤怒的普通百姓，拿上简陋的武器朝着伦敦出发；而一些从法国征战回来的士兵也加入其中，双方在伦敦会合。国王则派出了一小股军队平定叛乱。叛军在塞文欧克斯被偷袭，首领被杀，其余人则四散逃命。这一事件在伦敦支持国王的阵营中引起了恐慌。许多人认为叛军提出的要求并不过分，当然，安茹的玛格丽特并不这样认为。国王则着实被这局势吓了一跳，他手下的士兵甚至一些贵族希望国王能同意暴民们的要求，其中包括将萨耶领主以及他的女婿威廉·克罗默交出去给叛军。

亨利六世下令把这些人关进伦敦塔，声称要将他们送至法庭以相关罪名审判。无论国王此举的本意如何，这一行为导致了另外一些军队叛变，并开始抢劫伦敦。连自己的军队都靠不住，国王只好逃到了沃里克伯爵郡，并躲进了凯尼尔沃思城堡中。

1450年7月3日，叛军进入伦敦城，此时伦敦居民为了是否抵抗还在犹豫不决。开始时凯德还能管住手下人，但是很快叛军便开始大肆抢劫，不断赶来的叛军让这一情况越来越糟。为了防止叛军冲击伦敦塔，守卫把塔内关押的萨耶领主和威廉·克罗默献给了叛军。萨耶领主曾经担任财务大臣，因为贪赃枉法，因此成为叛军仇恨的对象。在一番充满羞辱的审判后，他被枭首示众；他的女婿克罗默甚至连审判都没有便被斩首。之后，叛军撤出了伦敦桥，虽然他们取得了一定的成功，但是很快便开始遭到伦敦市民的抵抗。

叛军到处抢劫，造成的恶劣影响逐渐削弱了其根基。他们打开监狱放出罪犯以壮大队伍。当他们企图再次冲击伦敦桥进入伦敦市中心时，守卫伦敦塔的一小股部队和伦敦市民组织起来，顽强抵抗，在经过血腥的激战后硬是把叛军挡在了桥的另一边。这一战之后叛变走向了终结，所有人都被承诺得到国王的赦免，但是7月10日亨利六世宣布赦免令无效，因为其没有得到议会的批准。12日凯德被逮捕，但在审判之前他便死于拒捕时所受的重伤。不过他的尸体还是被象征性地送上法庭审判并执行死刑，而他的追随者们则遭到了清算。

叛乱尽管被镇压，但是其影响深远。不少地区受到鼓舞也开始反叛，这些小型叛乱尽管没有什么结果，但增加了国内的不稳定因素，显示了国王的懦弱。凯德叛军的陈情表被约克的理查看到，在回到英格兰时，他将其中一些列入了改革项目中。或许这场叛乱最直接的启示，就是国王在面对一群暴民进攻首都时居然慌忙落跑，而不是号召贵族领导军队进行抵抗。由此可见，国王的地位岌岌可危。

凯德的身份一直是一个历史的谜团。他一直称呼自己是"肯特上尉"，这似乎暗示着他具备一定的指挥经验。尽管这场叛乱绝大多数参与者都是普通百姓，在凯德的带领下他们还是打败了小股正规军，而且据历史记载，叛军扎营较为规整专业；此外叛军的行进速度也比一群拿起武器的乌合之众要快出许多。由这些可以推断，凯德或许曾经担任过军事指挥官。

中世纪晚期的战争艺术

中世纪的军队人数不多。英格兰派出远征法国的军队有6000~8000人，其中绝大部分是弓箭手。尽管贵族主要在马上作战，但是以步兵为主要作战力量的时代正在慢慢来临。英格兰军队与法国相比较为实际，更倾向于使用更多步兵，但即使是非常珍视骑士传统的法国，也越来越重视装备步兵。

这个时代英格兰军队的核心力量是长弓手，其射程可达250米（820英尺）甚至更远，力量有时可以穿透重装甲。在距离目标50米左右击

右图：1356 年普瓦捷战役对于英格兰人来说是重大胜利，法国国王约翰二世被俘。这导致法国陷入混乱，造成混乱的原因之一是赎回国王不得不征收重税。

中头部对长弓手而言并非难事，意味着即使一位骑士将面罩关闭还是可能会被长弓手从观察口中射中击毙。尽管射穿铠甲主要靠运气，但是组成方阵的长弓手能够连续射击，所以目标无论有多好的防护总是会被射中。

即使是披挂最厚重铠甲的骑士，在箭雨中冲锋也要冒极大的风险：在到达对方能够被自己的剑或矛伤到的地点之前，自己或者是战马极有可能已被射中。一旦骑士突破成功，接近了长弓手，那么战局将 180 度大逆转，而中世纪的指挥官也深知这一点。

因此长弓手往往由步兵保护，保护者往往由轻装甲步兵或者是手执钩镰枪的百姓组成。钩镰枪就是镰刀的军用变种，由带钩的铁刃和木制的长柄组成。钩镰枪能够让步兵与骑士交战，或者砍伤骑士，或者把他从马上钩下。长长的钩镰枪也是阻挡对方骑兵和步兵的有效手段。

步兵没有战马，虽然缺乏机动性，却是防守时的中坚力量。他们的铠甲相当沉重，以至

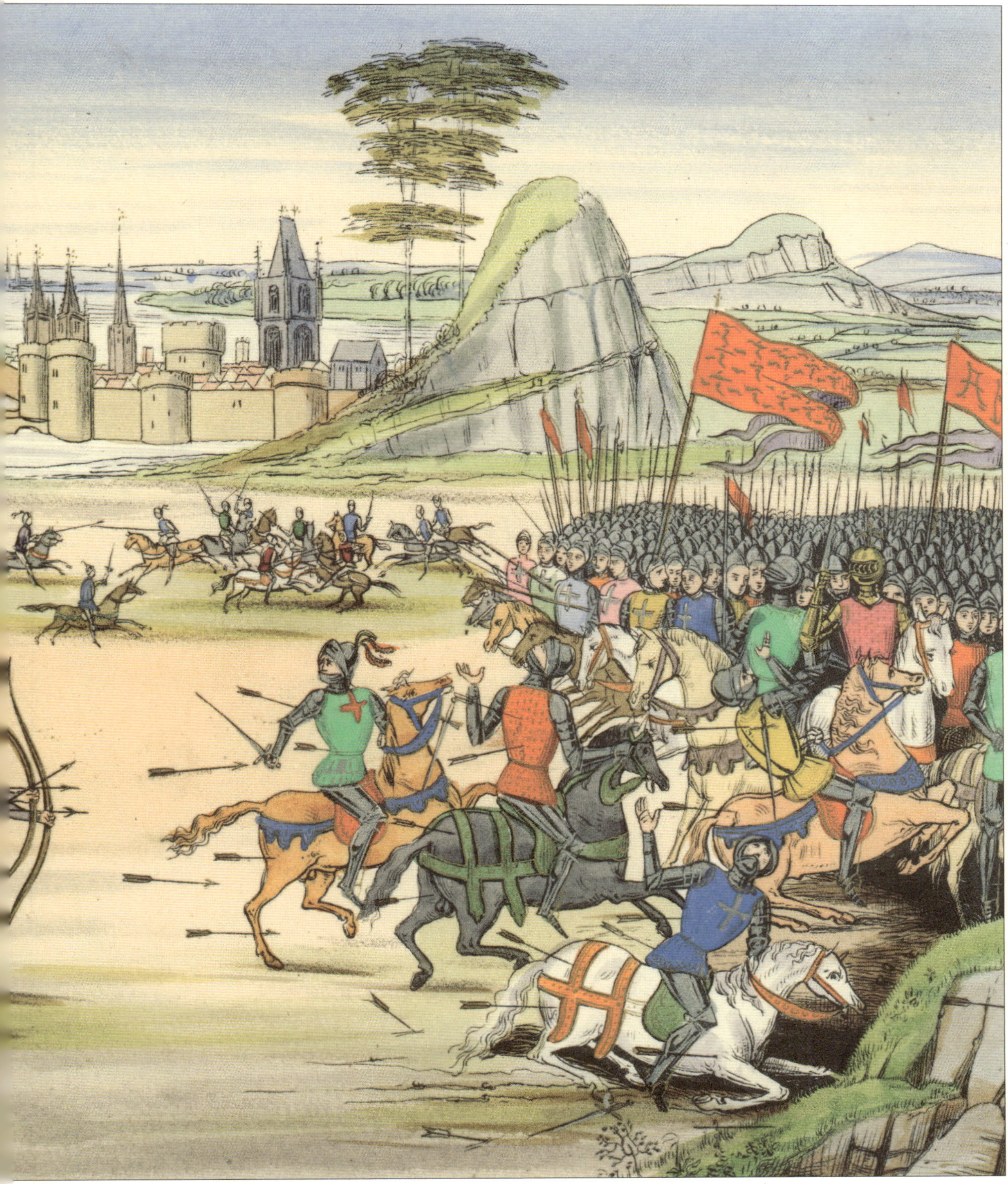

上图：早期的大炮在开阔的战场上毫无用武之地，或许只有它们发射时的巨响能带来一些震慑效果，但在攻城战中，大炮的优势尽显，可以比先前的攻城机械更快更有效地轰倒城墙。

于被击倒的人要费不少力气才能爬起来，要是遇到泥泞之地情况会更糟——不过铠甲还不至于妨碍作战。大多数步兵都使用重型兵器，比如长柄战斧。这种战斧一边是斧子，另一边是锤或者镐，顶端则是尖刺，可以冲锋。双手使用这种战斧，既能攻又可守，无论敌人是否有装甲都有不少优势。

进攻时装甲骑士和装甲步兵是战场上至关重要的力量，既有机动性，结合重装甲又有极强的冲击力。骑士冲锋时往往速度不快，尤其是在重复进攻后战马越来越疲劳时，但即使是小跑的速度，骑士还是有很大的击打力量。骑士在马背上最应手的武器是长矛，但是斧子、狼牙棒等短兵器在近距离肉搏时也非常有效。

背景知识

剑

单手剑被骑士和装甲步兵选为佩剑，有时会被称为短剑——尽管这个称呼有些误导人，因为短剑的长度并不是特别短，只是和长剑比较时才比较明显，而长剑需要用双手挥动。

战场上使用的剑可以大致分为两类：一些重量较大，靠其惯性发出的击打力，可以击穿盔甲，另一类则设计成为刺穿敌手致命点的武器。15世纪50年代的厚板装甲已经相当坚固，这两种剑对此都不太有效，但是一位训练有素的使用者依然能用它们击倒或者杀死重甲防护的敌人。

与大多数人想象的不同，剑并不十分沉重，灵活是其制造时的首要考虑。挥舞重剑互相击打碰运气绝不是中世纪剑客的战术。他们都经过长期训练，武艺高超，因此他们喜欢的武器要非常精准，可以抵抗击打，而且一定要锋利。一把过于沉重的剑在速度上已经占劣势，无法准确击中一个移动的物体；另外，一把较沉重的剑挥舞起来较容易失去控制。尽管重量会在击打时非常有效，但是击打命中率并不高。

因此中世纪晚期使用的剑表面看起来形制简单，但实际上制作极其精良，而且其平衡非常完美。剑既是一种身份的象征，同时在战场上也是致命武器，因此它是贵族必备之物。

下图：剑是贵族的象征，因此在人们的想象中冲锋时贵族都会手执利剑。实际上初次冲锋大多数时候会首选长矛，剑是备用武器。

卡斯蒂隆战役中，英军的冲锋在法军阵线的炮火轰击下被击溃，随之而来的法军冲锋奠定了法军胜利的基础，为百年战争的最后一次重大战役画上句号。

佩剑往往是辅助武器，而不是装甲步兵的首选。其设计不断进化，用来对付不断增厚的盔甲，但是与狼牙棒或者战斧相比，其穿甲力较弱。尽管如此，剑依然是贵族的标志，也是有效的备用武器。若是对手防护较少，剑是极其致命的武器。

这个时代枪械已经开始出现，尽管还十分原始且杀伤力不大。"手铳"采用一根短管安装在木棍上，用烧热的煤或者火绳点火发射。通常手铳需要由两人配合来发射，一位负责瞄准（只是粗略地）而另外一位则负责点火。这导致了极差的准确度，不过这种类型的武器本身的精确度就不高。相比之下大炮则有效得多：从克雷西之战开始大炮威名大震，尽管杀伤力不高，但是其声响威慑力巨大。到了百年战争结束时期，大炮已经比较可靠，成为攻城首选武器，并且在旷野战中也有了相当的杀伤力。1543年的卡斯蒂隆战役，这场百年战争的最后大战中，法方就使用了专门的火炮阵营，其规模已达到了300门左右。这些笨重的大家伙在战争中根本无法移动，除了防御外用处不大，但在卡斯蒂隆战役中，英方军队的直接猛冲落入了炮火的射程中，被打得四分五裂，让人不由得联想到克雷西和阿金库尔两次战役。尽管如此，最终击败英军的，还是法方的重装甲骑士。

长弓以及火炮等远程武器在削弱地方力量上起着重要作用，但是装甲骑士还是决定战争胜负的关键。仅仅数十年内这一情况将发生改变，但是玫瑰战争的时代，战争还是主要以中世纪的传统方式进行。

勒索赎金

中世纪战争的传统之一就是俘虏贵族并索要赎金。普通士兵被俘虏后可能会被处死，但是骑士以及高阶贵族被俘虏后大多会成为索要赎金的筹码。这当然给战胜方带来了可观的收入，同时也能减轻战争本身的毁灭性。被敌人俘虏的贵族要缴纳的赎金往往是天文数字。每个阶层的贵族都有着自己对应的价码，"国王的赎金"（英语中天文数字的另外一种表达）在中世纪是专用词汇。为赎金买单的往往是骑士的领主或是国王，当然还有很多情况下要自掏腰包。不论哪种情况，勒索赎金这个传统可以说是贵族们的人寿保险。对于国王及其统治而言，缴纳赎金能降低战争带来的灾难性后果。作战阶层同时是统治者，他们中绝大多数都位高权重，几乎所有人都能从财产中获得大笔收入。战场上的死亡，往往导致大笔财富被没有什么经验的人掌握，或者导致众继承者之间的纷争。资深长官死在战场上，找人代替他往往会破坏王国的正常运行，有时甚至打破内部的政治平衡。

一位在战场上山穷水尽的贵族，往往可以通过选择投降来保命——尽管最好向一位有贵族头衔的人投降。若是落到了普通士兵手里，投降往往意味着被杀死，尤其是当士兵们从赎金中捞不到什么好处的时候。向一位骑士投降尽管颜面尽失，但是保命的可能性较大。

赎金制还有其他用途。一位高阶的贵族或者国王可以选择只为那些自己喜爱的臣下们缴纳赎金，这样与自己合不来的下属必须自掏腰包，可以在经济上掏空他们。赎金有时还可以作为政治筹码。比如法国国王约翰二世，1356年在普瓦捷战役中被英军俘虏。约翰二世成为伦敦塔之囚，尽管伦敦塔不是严酷的劳改营而是贵族监狱。国王在这里受到了符合国王身份的礼遇，但是在赎金没有交齐之前绝不放人。法国于是陷入了双重困境：一方面大军惨败，重建需要大笔经费；另一方面还要为赎回国王勒紧裤腰凑钱。英格兰人索要的赎金是无法完成的任务，最终导致签订的赎金条约破裂。再战再败，给摄政统治的法国带来了更多问题。第二次赎金条约规定的数目虽然少了很多，但是依然巨大，此外还加上割让土地的附加条款。最后国王被其他一些人质交换回到了法国，这些人质直到赎金缴纳完毕前一直被囚禁在英格兰。人质中有路易王子、法国国王的次子。赎金没有按时缴纳时，路易先是尝试着说服英格兰人放自己回国，后来干脆越狱出逃，回到了法国。法国国王宣布自己自愿返回英格兰做阶下囚，因为代替国王的人质逃了回来。关于这种做法的原因，历史学家争论不休：或许和个人荣誉有关，或者是因为约翰二世的统治面临重重困难，还是做人质轻松。这位法国国王的最后岁月就这样在英格兰度过——一位享受尊贵礼遇的客人囚犯，不必承担任何责任。尽管最终法国也没有交齐全部赎金，但是已经足够增强英格兰的实力了；而法国的统治则岌岌可危，内部分崩离析。

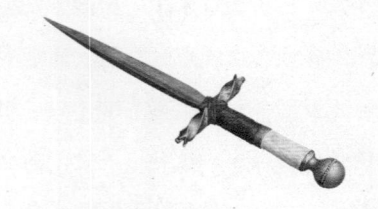

最后一招

尽管接受贵族投降并索要赎金有着非常多的经济和政治上的好处，玫瑰战争中还是有数次投降的贵族没有得到宽容，他们被处死而没有索要赎金的情形。投降永远是风险投资，对于战败者而言是最后一招。

普瓦捷战役中，法兰西国王约翰二世以及菲利普王子在走投无路的情况下选择投降。一份同时代的资料记载，当时这父子二人被英方围困时孤军作战，但还是在投降前顽强抵抗。

约克公爵理查在朝廷中担任过无数要职,先后担任法国总督及爱尔兰总督。他放弃争夺王位,担任亨利六世的摄政王。

玫瑰战争

第三章　约克公爵理查

亨利六世的宫廷

1447年，格洛斯特公爵汉弗莱去世，这让约克公爵理查成为英格兰王位的继承人。他对现有英格兰对法政策不满，也厌恶宫廷里的那些宠臣。

理查在担任法国总督时，一直对自己所受待遇不满。这让他成为王室政策最激烈的批评者——尽管他依然是英格兰国王的臣子，也因此受到了相当的礼遇。王室的对策，是将理查派遣到爱尔兰，作为王室的全权代理。实际上，这让理查远离宫廷政治，亨利六世的宠臣们可以更加肆无忌惮地玩弄权力。

1450年，由于一连串的政治危机，理查从爱尔兰返回英格兰。尽管杰克·凯德领导的叛乱最终平定，但很快各地又出现了严重动乱。民众们普遍要求亨利六世收回广受质疑的命令（主要是加封宠臣及赐予他们土地），并且平反一系列冤假错案。当时英格兰南部越来越无法无天。造成这种混乱的主要原因是英格兰丧失了在诺曼底的领地。那些原本居住在诺曼底领地上的居民、农民和士兵被迫回到了英格兰本土。他们大多一穷二白，为了生存只好不择手段。人们把导致这一混乱的一系列失败都怪在了亨利六世宠臣们的身上，加深了大家对朝廷的不满。

人们呼吁约克公爵返回英格兰维持秩序，尽管这种不满市民的一厢情愿有多强烈无从知晓。经常公开批评国王宠臣们的理查，成为比如凯德追随者们更能寄予希望的所在，尽管理查本身未必同情这些叛乱者，而且约克公爵回到英格兰也不大可能支持叛乱，更不可能是叛乱者请他出山。

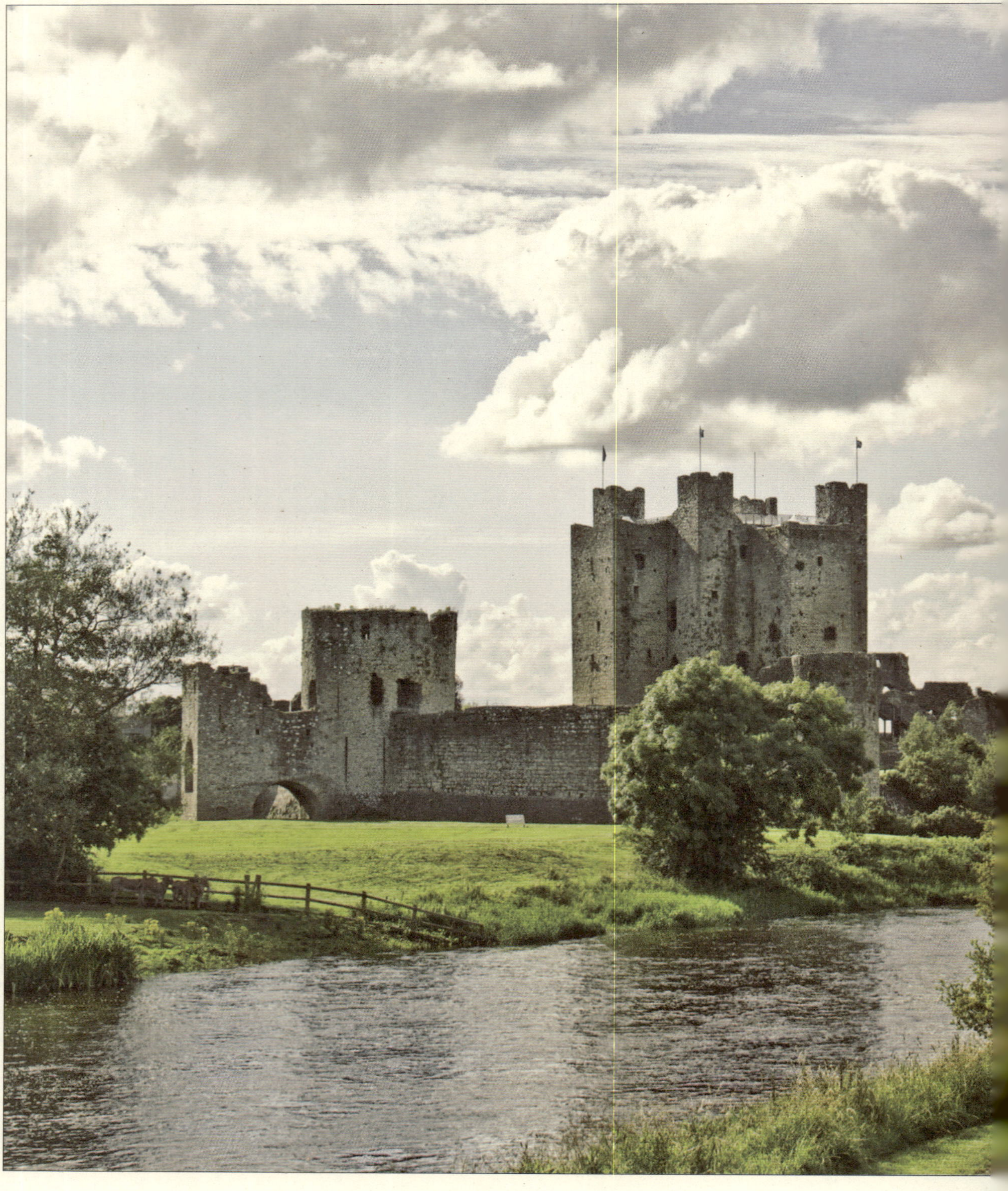

更大的可能性是他的日程安排恰巧和国王的对手们碰在一起，又或者英格兰局势动荡，是他采取夺权行动的最好时机。

无论如何，约克公爵理查率领军队于1450年9月在威尔士登陆，直接开向伦敦。路上遭遇了王室军队，双方紧张对峙。此时的理查并不想与国王公开冲突，他一再强调，自己带领军队是为了清君侧，辅佐朝纲，剿灭国王身边的乱党。最终约克公爵与亨利六世达成协议，双方一致同意避免内战，于是英格兰局势一度恢复稳定，但是，约克公爵在朝廷中没有能够促成任何改革。尽管，萨默塞特公爵被囚禁在伦敦塔一段时间（极有可能是为了保护他的安全。当时伦敦局势不稳，暴乱不断，而他受人憎恨），约克公爵并没有能够说服亨利六世，让萨默塞特公爵为诺曼底的一系列失败负责，而得到他应有的惩罚。实际上，1451年萨默塞特公爵被委任为加莱——英格兰在法国北部的最后领地——总督。尽管这样萨默塞特公爵不得不远离宫廷，让他对朝政的影响力减弱，但这并不是约克公爵理查争取的结果，而且，由于得到的支持有限，理查也无法强力推行改革。

左图：位于爱尔兰米斯郡的特瑞姆城堡是约克公爵理查在担任爱尔兰总督时的住所。这座城堡中设有王室铸币厂以及豪华住所，年轻的亨利五世及格洛斯特的汉弗莱等人都曾住在这里。

护国公理查

1453 年，王后安茹的玛格丽特终于怀孕了。若她产下男孩则意味着理查对王位的继承权将化为乌有，大大削弱他本来就不断衰落的地位。在政治上约克公爵失去了号召力：他已不再担任爱尔兰总督，就连南福雷斯特特伦特法官一职也被罢免——虽然这一职位是与亨利六世谈判期间国王特别分封给他的。

国王还采取了另外的手段来削弱理查的力量：所有理查的支持者需要国王仲裁时，亨利六世便统统判他们败诉；若不是 1453 年国王忽然疯病发作，他可能会一直使用这个手段，直到理查一败涂地。尽管疯病是家族遗传，但是法国国王"疯子查理"以及其他一些祖先的病状当时还没有出现在亨利身上，直到他 32 岁这一年。触发疯病的，或许是卡斯蒂隆战役中英军惨败的消息：英方尝试面对火炮正面冲锋而全军覆没。英法百年战争随着卡斯蒂隆一战而结束，英格兰人彻底永久地输掉了这场战争。亨利六世陷入了一种半昏厥的状态中，他反应迟钝，根本无法治理王国。

右图：无精打采的亨利六世甘愿做傀儡，任由宠臣萨默塞特公爵执掌大权。约克公爵理查（左）走投无路也采取了极端手段，包括动用军队在内。

第三章 约克公爵理查 69

约克公爵理查用手指着宝座,宣布自己对王位的继承权。根据1460年的《调解法案》,亨利六世将继续担任国王,理查是他死后王位的继承人。

开始时至少一切还能照常运行，人们还希望国王能够康复，但是当亨利六世的疯病接二连三发作时，找到一位护国公则是不可避免的。尽管安茹的玛格丽特和亨利六世的宠臣们非常希望能够控制王国，约克公爵理查还是担任了护国公代替国王摄政。接下来的数月中，理查没有办法消除亨利六世的宠臣们为王国带来的负面影响，他一直忙于稳定动荡的局势：王国北部内维尔和珀西家族又开始公开争斗；1454年，理查还要平定埃克塞特公爵亨利·荷兰的叛乱。荷兰曾经是伦敦塔的典狱长，性格喜怒无常，且报复心强。后来他成了兰开斯特阵营中的重要军事将领。

约克公爵理查终于能替代国王主持议会了。1454年议会决定弹劾萨默塞特公爵，尽管兰开斯特阵营也让议会通过了弹劾约克阵营中的两名重要人物——德文郡伯爵托马斯·考特尼以及科伯姆的领主爱德华·布鲁克。这两个人的罪名是参与约克公爵曾经组织的武装进军伦敦。议会也认可国王的新生儿威斯敏斯特的爱德华成为威尔士亲王（王储），但是却未能解决一系列的财政问题。理查成功地将几名亲信安排到重要职位，但是却没能开庭审判萨默塞特公爵。不过理查剥夺了萨默塞特公爵加莱总督的职位并将他囚禁。

右图：法国国王"疯子查理"在病发前也是一位善良贤明的君主，一度带给王国繁荣。随着他的病情不断加重，王国陷入了一群执掌朝纲者的权斗之中。

疯病康复

1454年末，亨利六世的疯病病情有所好转，1455年2月他又能再次处理政事，尽管这时他似乎出现了记忆力问题。显然他对自己儿子威斯敏斯特的爱德华的存在毫不知情。国王的敌人一

人物介绍

约克公爵理查

上图：贵族之间的矛盾可以通过决斗来解决，将甲胄的一部分扔在地上被视为决斗的挑战。作为对手的一方若是接受挑战则拾起这块甲胄，之后双方会约定好决斗的时间、地点和方式。

约克公爵理查是爱德华三世的后裔，他的父母双方都有王室血统。他权倾朝野许多年，是国王之下最有权势的贵族，并且先后担任法国总督和爱尔兰总督等要职。亨利六世无法执政之时，约克公爵理查是摄政，替疯癫的国王执掌朝政。

尽管理查的父亲剑桥伯爵因叛国罪被处死，理查还是在成年时继承了大部分土地。同时他还得到了强大的莫蒂默家族的许多产业，并与内维尔家族结为姻亲。因此约克公爵理查不仅实力雄厚，而且人脉甚广。国王宫廷中奸党营私腐败，反对者们自然选择理查作为他们的领袖。尽管亨利六世的宠臣们视理查为主要对手，他还是担任了护国公一职，足见其重要性。

值得称道的是，担任摄政期间，理查不偏不倚，毫不徇私。尽管他扩大了自己的支持者阵营，但是对待敌手却没有加以迫害——尽管作为摄政他完全有这样的权力。他承认亨利六世的儿子爱德华作为王储威尔士亲王的身份——尽管坊间谣传威尔士亲王爱德华并非亨利六世亲生——而这一举动无疑断送了理查登基的机会。

理查也没有继续与法国的战争。法国人并没有进攻加莱，显然更没有进攻英格兰的计划，所以理查决定维持现状。他的主要工作集中在恢复王国秩序上，正如他一再强调的那样：理查成功调解了珀西和内维尔两个家族之间的不睦，未曾尝试夺取王位。

开始时理查尝试在"体制内"推行改革，但最终还是拿起了武器叛乱。若是历史改变走向，亨利六世去世时理查本能继承王位，但是理查从未戴上过王冠。他的儿子后来分别成为爱德华四世及理查三世。

当然，约克公爵依然努力削弱萨默塞特的势力，同时不断扩大自己支持者的阵营。1452年他再次进军伦敦，依然强调自己对国王的忠诚，并要求国王正视萨默塞特公爵的罪行。这一次他还要求亨利六世指定自己为继承人。尽管理查对王位的继承要求是正当的，但是国王及其宠臣们当然不希望看到反对自己政策的人登基。最终亨利六世和约克公爵理查再次达成了新的协议，理查承诺不再对国王动武，而且未来数月他将自愿被囚禁。

右图：约克公爵理查的正直为他赢得了信任，他为了公正地统治英格兰付出了努力。担任摄政期间他没有迫害自己的敌人，尽管天赐良机，他也没有觊觎王位。

直声称威斯敏斯特的爱德华并非是亨利六世之子,而是萨默塞特公爵所生;实际上这或许是敌对势力用来扰乱视听的伎俩罢了。无论如何,亨利六世认不出自己的儿子这一事实使这些传言愈演愈烈。

下图:《塔波特·舒兹伯利手抄本》是为了纪念安茹的玛格丽特与亨利六世的婚姻而制作。书中包含了15份法语文献,内容有虚构的故事,还有战争的研究。今藏于大英图书馆。

由于亨利六世的暂时康复,约克公爵理查不再担任护国公,他被解除职位,而他的对手萨默塞特公爵被释放并返回宫廷任职。理查加莱总督的职位又让给了萨默塞特公爵,同时安茹的玛格丽特逐渐控制了整个宫廷,而其子威斯敏斯特的爱德华也加强了她的地位。理查担任护国公期间委任的大臣都被解职,国王的宠臣们夺回了这些位置。

这样的进展让理查和他的支持者非常担心,当国王号召在莱切斯特召开会议时,约克阵营决定采取行动。要举行的会议并不是议会,而且所有约克阵营成员都未被邀请。表面上这次会议的议题是为国王提供安全——大概从中已经不难判断政治风向了。约克公爵理查以及他的两位盟友沃里克伯爵及索尔兹伯里伯爵——两人同叫理查·内维尔——担心这次会议将投票弹劾他们,或者至少做出对他们不利的决定。他们甚至可能被逮捕,被处死也不是绝无可能。萨默塞特公爵及其党羽在重获权力之后,立即采取行动迫害约克公爵的支持者,尽管他们大多非常谨慎,而且在约

克公爵摄政时行事光明磊落。

除了武装反抗之外似乎已经没有其他出路了，尽管理查本人希望还是像从前一样，以武力威胁达到目的，而不是和王室军队的正面战争。他与自己的盟友一起，直接进军拦截国王，目的是阻止他参加莱切斯特举行的会议。两股力量最终在伦敦北部的圣奥尔本斯相遇。

第一次圣奥尔本斯战役

约克公爵率领大约3000人与国王的军队对峙，还有其余约克阵营的军队正在赶来。1455年5月20日，理查在罗伊斯顿发表声明解释自己行动的理由。他认为，即将召开的会议主旨既然是保护国王安全，但自己被故意排除在外，那除了武装反抗，他已毫无其他选择的余地了。

21日，理查从韦尔给国王致信。这封字斟句酌、措辞谦逊的书信中，理查再次强调了自己对国王的忠诚和尊敬，他希望能够尽快觐见国王，向他澄清那些有关他及约克阵营成员的谣言，散布这些谣言的即使不是国王的敌人，也绝不是国王的盟友。萨默塞特公爵此时也带领着大约3000人的部队，不过随行的大量贵族和他们的随从们，大大增加了这支军队的战斗力。萨默塞特公爵迅速发出求救信号，要求增援部队在莱切斯特集结。萨默塞特公爵当时觉

右图：安茹的玛格丽特是玫瑰战争中的主要人物。她无数次从失败中重新站起，誓将自己的儿子威斯敏斯特的爱德华扶上英格兰王位。这里展示的是她位于巴黎的纪念雕像。

得心神不宁，最后决定驻守在圣奥尔本斯这座没有城墙的小镇上，筑起路障作为保护。

5月22日，双方在圣奥尔本斯开始对峙。约克军步步逼近，国王派遣白金汉公爵汉弗莱·斯塔福德与理查谈判。白金汉公爵质问理查为何与国王刀兵相见，约克公爵则重申了自己在信中的不满。他再次重申自己忠于国王和国家，表示自己是想恢复良好的统治，清除那些围绕在国王身边自私的宠臣，避免国王误入歧途。这次谈判耗时良久，消息传达全靠使节往来。约克公爵理查非常明白，国王及其军队已经是他的囊中之物，但若是增援部队赶来，约克军的优势则瞬间全无。

于是理查要求国王尽快回复，并且他不会接受如"朕已知晓"这样模棱两可的答复。1452年他就从国王那里得到过这样的回复，但是一切都没有改变。

约克公爵要求，必须以叛国罪逮捕萨默塞特公爵，并尽快开始审判。这一点，加上理查不愿接受国王模棱两可的答复——尽管国王可能此举是出于善意——这让国王非常不安。性格温和的亨利六世勃然大怒，宣布他将消灭一切挡驾之人。

下图：圣奥尔本斯没有城墙，但是兰开斯特军迅速垒起了路障；保卫路障消耗了大量人力，给沃里克伯爵的军队有机可乘，从别的地方突破。

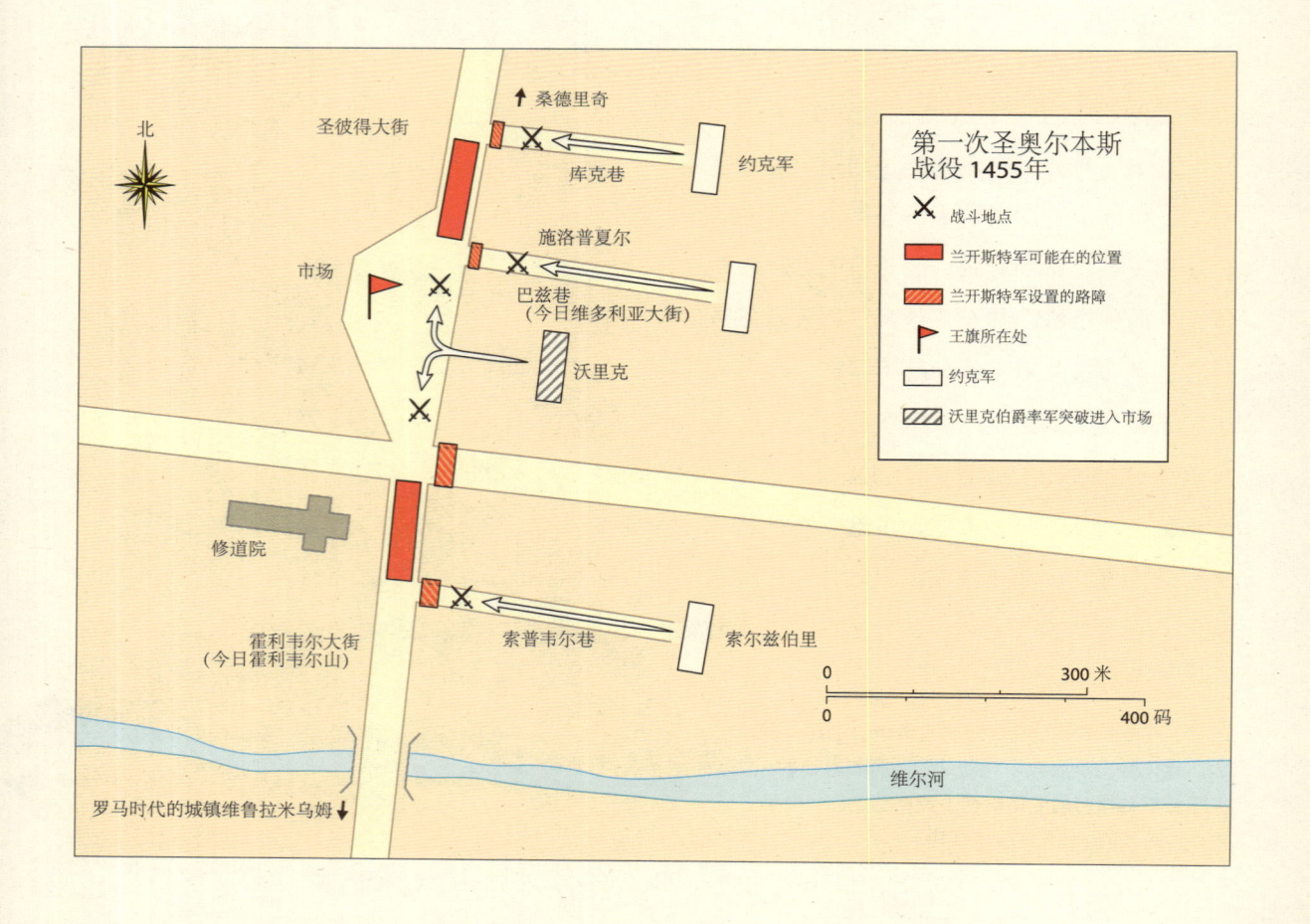

第一次圣奥尔本斯战役 1455年

- ✗ 战斗地点
- 兰开斯特军可能在的位置
- 兰开斯特军设置的路障
- 王旗所在处
- 约克军
- 沃里克伯爵率军突破进入市场

右图：到了玫瑰战争时期，纹章的规矩已经非常完备。如这里的纹章，属于约克公爵理查的妻子塞西莉·内维尔。她将其丈夫和自己家族的纹章结合在一起。

国王大怒中骂约克派是叛徒，这一刻决定了内战不可避免。当约克公爵理查从自己的使者嘴中听到国王这样的反应时，他明白了"体制内"改革绝无可能。更糟糕的是，国王已经公开对他宣战。从这一刻开始，约克阵营的每一个人若是投降或者被打败，将会面对非常悲惨的结局，唯一的出路就是拼死一战并取得胜利。

理查向军队将士们发表演讲，他对他们说，既然国王不愿听取意见，而且所有人已经被列为叛徒，除了战斗之外没有任何出路。正午时分，他把军队分为三股，开始进攻圣奥尔本斯周围的路障。国王的军队奋力抵抗，结果三路约克军都没有取得任何进展，双方陷入僵持。正在国王军队集中兵力抵御约克军时，年轻的沃里克伯爵理查·内维尔带领自己的亲兵卫队从东南方的民居中间偷袭，直插国王军队的腹地。国王一方被打了个措手不及，慌忙中拼命驱逐这支突然出现的约克军。双方又陷入胶着的局面，忽然之间，众人发现萨默塞特公爵已战死，胜负立刻见了分晓：国王的军队四散奔逃。恐慌迅速征服了国王军队中的每一个人，就连贵族们都开始四处逃命，甚至连看管国王冠冕权杖的菲利普·温特沃思爵士也鞋底抹油跑了。其他一些重要的贵族，比如托马斯·德·克利福德以及诺森伯兰伯爵亨利·珀西在战斗中被杀死。白金汉公爵以及萨默塞特公爵之子受重伤被俘虏。

左图：在埃德蒙·博福特英勇战死之地树立的纪念牌。他的儿子亨利受伤被俘，后来继承了萨默塞特公爵头衔，成为约克派的死对头。

人物介绍

约翰·博福特和埃德蒙·博福特——两位萨默塞特公爵

约翰·博福特和埃德蒙·博福特是冈特的约翰的后裔，因此属于兰开斯特家族。1418 或 1419 年，约翰·博福特从兄长亨利那里，继承了萨默塞特伯爵的爵位，亨利在攻占鲁昂中战死。约翰在 1421 年博热战役中被俘，直到缴纳赎金后才恢复自由。

尽管人生倒霉连连，1443 年，约翰·博福特还是被提升为萨默塞特公爵，并且同时成为肯德尔伯国的领主。他被派到加斯科涅指挥收复失地的战斗，这一委任让他和担任法国总督的约克公爵产生不睦，毕竟这削弱了后者的地位。这一情况在博福特从国王那里得到大笔资金之后变得更糟，要知道约克公爵理查为英格兰在法国的军事行动不得不自掏腰包，欠下大笔债务。

约翰·博福特在加斯科涅的军事行动，对于他和英格兰而言都是一场灾难。他带领了大约 7000 人的军队，在那时是相当可观的。博福特没有获得任何胜利，羞愧地回到了英格兰。1444 年他去世，很有可能是死于自杀，于是爵位传给了他的弟弟埃德蒙。和他的哥哥不同，埃德蒙在军事指挥上很有天赋，在阿夫勒尔和加莱都取得了不错的胜利。1442 年他加封多塞特郡伯爵，1443 年晋升侯爵。埃德蒙从其兄长那里继承了萨默塞特伯爵的爵位后，1448 年晋升公爵。

萨默塞特公爵是亨利六世的宠臣。他利用这一关系获得了一系列要职，这给他带来了极大的权力和收入。法国总督是这些头衔中最重要的一个，他从 1448 年开始担任这一职位。此前担任法国总督的约克公爵理查，被远派到爱尔兰做总督，便对失去这一要职耿耿于怀。萨默塞特公爵接手法国

左图：约翰·博福特是第一任萨默塞特公爵，但作为军事将领非常失败。萨默塞特公爵这一头衔又再次创立，并封给了他的弟弟埃德蒙，所以史学界对谁是第一代萨默塞特公爵争论不休。

上图：1450 年的福尔米尼战役，英军大败，很快失去了在法国的领地。溃败的英军无力阻止法国人重新夺回诺曼底。

事务时，时运不济。1449 年开始，法国人取得了一系列胜利，几乎把英格兰人赶出法国北部。又过了三年，英格兰在法国南部控制的所有土地也都丢失了。在萨默塞特公爵上任时，国王承诺给他大笔资金却又没有兑现，一定程度上造成了这一系列的失败。法国总督过去都是自掏腰包，用来维系英格兰的领地，富有的约克公爵几乎为此被榨干。萨默塞特公爵并不像约克公爵那般富有，加上国王未能出资，造成他根本无力维持自己的军队。

回到英格兰后，萨默塞特公爵利用亨利六世的软弱控制了宫廷，直到 1453 年国王疯病发作不能治国。约克公爵理查第一次担任摄政期间，萨默塞特公爵被囚禁在伦敦塔；1454 年亨利六世恢复神志时，他立即被释放了。

以后的数月中，萨默塞特公爵都是英格兰政治中的关键角色，国王在前往莱切斯特的途中遭遇约克军拦截，他作为随从也被困在了圣奥尔本斯。在国王军队溃败时，萨默塞特公爵阵亡，他的儿子亨利·博福特也受了重伤。伤愈恢复后，他成了兰开斯特阵营中最重要的军事将领，但后来又站到了爱德华四世一边。

左图：据说圣奥尔本斯一役中亨利六世一直心不在焉。他的随从为了保护他，把他带到附近的民居中。当约克公爵理查找到国王时，在向他表示歉意之后俘虏了他。

俘虏他时，国王并未受到其他伤害。与这个时代大多数的战斗不同的是，死亡的一百余人中，大多数是贵族。造成这样结果的一部分原因是国王军队的溃逃：轻装上阵的步卒和箭手自然逃得快，而身披盔甲的贵族们撤退却极其缓慢。

然而，圣奥尔本斯一战尚未出现像玫瑰战争中屡见不鲜的血腥屠杀和处决。萨顿·德·达德利大人是唯一被关进伦敦塔的贵族，而且他也很快被释放。其余大多数贵族被抢了盔甲——这在当时是非常值钱的物件，之后要么恢复自由，要么被约克军暂时扣住。许多在圣奥尔本斯被俘虏的愿意接受新的现实：亨利六世被带到了伦敦做了阶下囚，约克公爵理查重新担任护国公。1455年11月议会通过决议，同意理查担任这一职位。在圣奥尔本斯之战中，亨利六世可能又一次发病：一些历史资料记载，当他被约克军找到时，亨利六世仿佛在梦游一般。

整个战斗持续了不到一个小时，却让英格兰最有权势的贵族们非死即伤。被俘虏的还有亨利六世，整个战斗过程中他一直在看热闹，不知何处射来的乱箭让他受了轻伤。当约克军

背景知识

盔甲

到15世纪中叶时，盔甲的制作技术已经相当精湛。盔甲由精钢所制，起到防护作用的同时重量较轻，一般而言盔甲有着能活动的关节，不会过于限制穿戴者活动的灵活性。锁子甲用来为盔甲的薄弱部位提供防护，是有效的辅助。

与不断进步的锁子甲相比较，同样重量的板甲能提供更好的防护，也能更好地分配重量，适于作战。盔甲的设计形状能够反弹重击力，同时可以防止穿刺，加上穿盔甲者能灵活移动，使得进攻力难以集中而被分散。

一位披挂上阵的骑士是非常难对付的敌人。即使是被围困，骑士也能利用战马进行突围并逃脱，这是步兵难以做到的。将骑士拉下马是步兵最常用的策略，因此步兵往往有能勾住盔甲的专门武器。那种认为骑士的盔甲非常沉重，需要他人帮助才能上马的想法只是一种想象，有些骑士哪怕全副武装依然能跳上战马。即使如此，盔甲依然并非毫无重量，穿上盔甲并非易事；而若是披挂整齐的人被击倒，想要再站起来是非常不易的事。另外无论铠甲的防护性能有多好，但总归是有缝隙，若是装甲武士被打倒擒住时，这些弱点会被敌人利用。

因此盔甲并不能让穿戴者无敌，但它在一定程度上确实是"力量放大器"。毫无防护的武士不堪重击，穿上铠甲则增加了生存的概率。装甲武士只要避免被击倒，以一当十并不是神话。

右图：盔甲设计得能够抵抗并反弹击打力，使得移动中的骑士极难被一击毙命。尽管盔甲也会有薄弱环节和未保护的区域，但只要骑士不被拉下战马，这些区域就很难被攻击到。

圣奥尔本斯一役中，安茹的玛格丽特待在后方，当约克的理查统治国家的时候，她负责照顾自己的丈夫。一旦亨利六世恢复神志，玛格丽特便通过他对宫廷施展极大的影响。

约克公爵担任摄政期间，安茹的玛格丽特负责照顾亨利六世。她依然坚持自己的儿子威尔士亲王爱德华必须继承王位，尽管所有人都承认约克公爵作为王位继承人。1456年亨利六世恢复神志，重掌大权，这一问题才有了结果。国王在伦敦依然不受欢迎，但是在英格兰其他地方则赢得了支持，因此国王只好把宫廷搬到了考文垂，并第二次解除了理查的护国公职位。

约克公爵再次被派往爱尔兰，成为那里的总督，而亨利六世再次被一群宠臣包围。其中的一位是前任萨默塞特公爵之子亨利·博福特。这位新任萨默塞特公爵非常憎恨理查，毕竟自己的父亲战死在圣奥尔本斯之战中，自己也在其中受伤，而那一战理查正是始作俑者。后来玫瑰战争爆发，亨利·博福特成为兰开斯特阵营中最重要的指挥官之一——不过，此时时局暂时恢复平静。

和平友爱日

为了能维持现有的和平，通过漫长的谈判和无数的协议化解敌人，了结争端，最终促成了圣保罗大教堂的庆典游行，以及庆祝这种和平精神和团结友爱的仪式。这一仪式被人们称为"和平友爱日"，1458年3月在坎特伯雷大主教的主持下首次举行。"和平友爱日"既然是国王和教会的倡议，贵族们也就不得不口头上表示称赞。不过最终看来，"和平友爱日"仅仅是一种表面文章。不到一年，公开争斗就开始了，战事不断升级，报复性也越来越强。斗争开始时，人们还表示效忠国王，封建法统也得以维系，但是1458年后，这一情况发生了改变。在战斗中失败意味着会被处决，双方的慈悲越来越少，野蛮的程度也失去了控制。

右图：坎特伯雷大主教托马斯·鲍彻是爱德华三世的后裔，他的继承权非常靠后。他主张的"和平友爱日"庆典本意是修复贵族们的关系，但实际上没有任何效果。

第四章　魔鬼议会

沃里克伯爵

沃里克伯爵理查·内维尔是约克阵营的亲密支持者。他致力于保护伦敦城内和周边商人阶层的利益，下令打击英吉利海峡的海盗，因此很受欢迎。

沃里克伯爵被指定为加莱总督，目的可能是让他远离宫廷，因为这位伯爵一直努力于保护约克派的支持者不受对手的系统性迫害。当然，作为一名经验丰富的指挥官，他也能胜任这一职位。加莱是英格兰在欧洲大陆上最后的一块地盘，法国自然是志在必得，这就要求守卫的英军要有极强的实力。作为指挥官，必须保持军队的战斗力，并随时准备应对敌人的进攻。沃里克伯爵还能利用这个港口来遏制猖獗的英吉利海峡海盗。

打击海盗无疑是沃里克伯爵额外的收入来源，这自然能让他实行自己的计划。同时，担任这个职位还意味着指挥英格兰唯一的一支常备部队——当然除去那些贵族们自己的私军之外。曾有一度国王担心沃里克伯爵会利用手下军队做不臣之事，于是停止了粮饷供应，但是，保护加莱成了国王最大的要务，所以总督的行为也就不那么重要了。1457年8月法国进攻肯特郡的桑威治，更凸显了守卫加莱的重要性。大约4000名法军袭击了桑威治，并摧毁了该镇的大部分，引起公众对法国入侵的恐慌。法军并没有再次侵略，但是沃里克伯爵利用此事获取了对英吉利海峡更严格的控制。这一来他与汉萨同盟就产生了矛盾：虽然是商业联盟，汉萨同盟在北海沿岸和波罗的

沃里克伯爵的重要财产之一——巨大的沃里克伯爵城堡。1469年，爱德华四世曾在这里被囚禁数月。最终伯爵被迫放人，但是很快又策划新的针对国王的阴谋。

海控制了大量土地；沃里克伯爵却扣留了汉萨同盟的运盐船队，双方的冲突升级。沃里克伯爵的军舰还袭击了卡斯蒂利亚王国的船队。这位伯爵不仅没有打击海盗，反而靠着劫掠大发横财，这样导致的国际争端是英格兰无法面对的。

于是国王召见沃里克伯爵回国述职，解释他的行为。他到达威斯敏斯特时，不知为何与王室卫队陷入了械斗。伯爵对外宣布有人密谋害他，于是他迅速逃离伦敦。或许伯爵说的是实情，或许国王想要趁着军队不在身边时秘密逮捕他，当然也有可能是沃里克伯爵和他的支持者们编造了这个故事，为的是逃避法庭的制裁。

无论事情的真相如何，沃里克伯爵回到了自己的船上并返回加莱。国王再次召他回国，参加在考文垂郡召开的会议，同时受到召见的还有约克公爵理查以及索尔兹伯里伯爵。三个人都没有出现，他们害怕自己被逮捕。这种担心也并非毫

左图：和所有的大贵族一样，沃里克伯爵也有自己的印章。理论上印章等同于其拥有者的权限，不过在沃里克伯爵心中，他的权力可要比自己的官职大得多。

无根据：一位贵族由自己的军队保护，居住在自己的城堡，若是想要逮捕他，那真是比登天还难，而且必然会造成公开的争斗，其后果难以估计。若是这位贵族只带了几名保镖，身处于敌人控制的地盘，秘密逮捕则相对简单，几乎不费什么力气，而且只要不公之于众，也可以避免一系列可能出现的风险。

于是，约克派的主要人物只能靠违抗国王的旨意来保全自己的安全。他们越发感觉到自己不受到社会体系的保护，更不能天真地相信敌人的承诺。玫瑰战争的第二阶段就要开始：政治体系的内部斗争演变成了英格兰国王与他的敌人间的公开斗争。

布洛希思战役

约克公爵理查意识到，不理会国王的召见是藐视朝廷，甚至可能被视为叛国，于是他开始召集军队，为可能到来的斗争做好准备。他告知所有支持者，带领军队在威尔士边界的拉

德洛城堡集结。这座城堡是理查控制的最重要的要塞之一，自然是他的首选；另外，选择这座城堡还有象征意义。拉德洛曾经一度是莫蒂默家族的产业，而这个家族对王位的继承权曾无数次成为反叛的理由——杰克·凯德就曾使用"莫蒂默"这个名字。不管这是不是约克公爵计划的一部分，或者这一点是否曾引起国内敌人们的联想，国王迅速采取了行动：全力阻止约克军会合，但没有成功。

索尔兹伯里伯爵理查·内维尔从米德尔赫姆城堡出发前往拉德洛。他带领大约5000人，同时兰开斯特派集结了大约两倍的兵力，在布洛希思的沼泽地对其进行拦截。1459年9月23日双方狭路相逢。尽管兰开斯特军尽量隐藏，但他们的旗帜还是被索尔兹伯里伯爵的部队发现，于是索尔兹伯里伯爵迅速下令准备战斗。伯爵本来计划偷袭，但是约克军一方明显处于劣势。敌方人数多出自己一倍，前有兰开斯特军，后面的森林不利于迅速撤退。双方阵营中间隔着一条小河，这意味着无论谁先发起进攻都会陷于不利位置。兰开斯特军的指挥是奥德利男爵，对于他而言，时间不是问题。他的任务是阻止约克军会合，拖延时间正是完成任务。他只需要采取守势，而等待索尔兹伯里伯爵被逼无奈发起进攻。

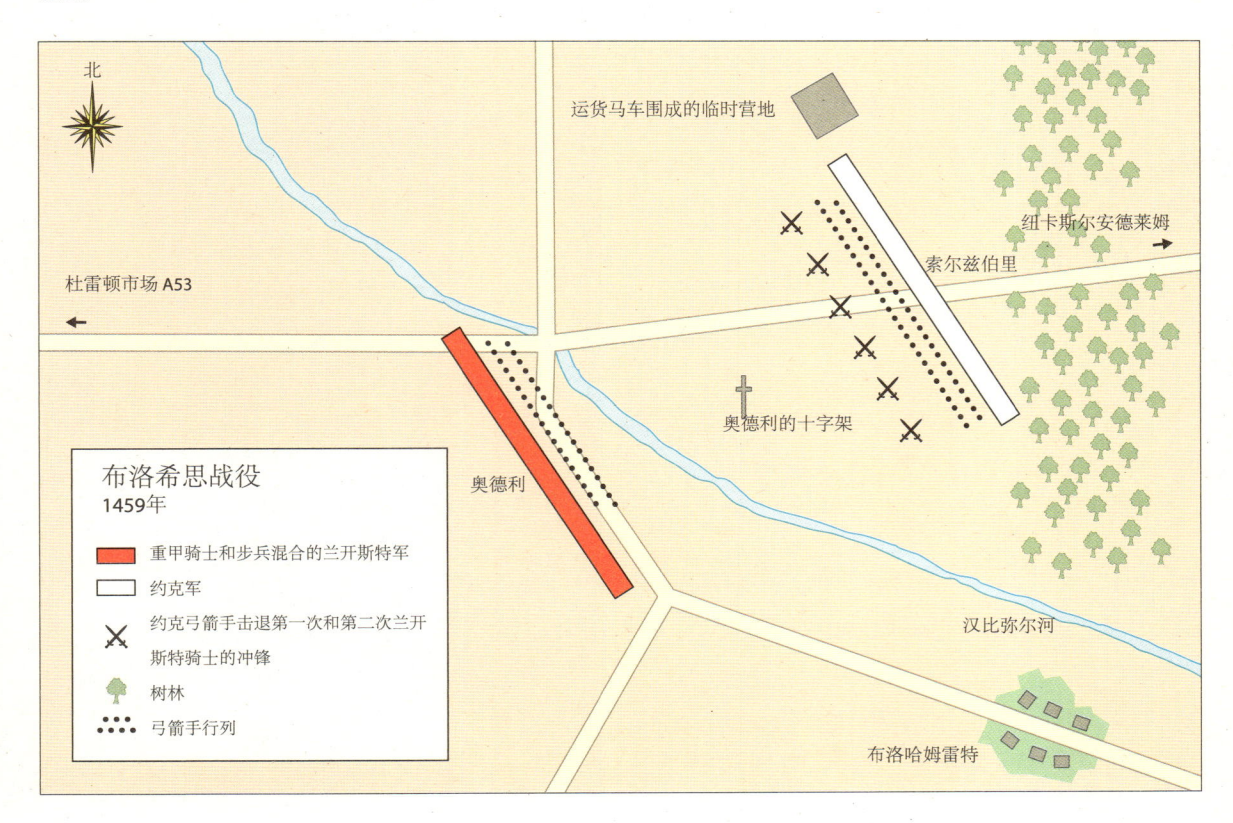

下图：布洛希思一战中，无论是人数、地形还是战术上，兰开斯特军占尽优势。兰开斯特军的任务就是阻挡约克军前进。

布洛希思战役 1459年

- 🟥 重甲骑士和步兵混合的兰开斯特军
- ⬜ 约克军
- ✕ 约克弓箭手击退第一次和第二次兰开斯特骑士的冲锋
- 🌳 树林
- ⋯ 弓箭手行列

地图标注：北；杜雷顿市场 A53；运货马车围成的临时营地；纽卡斯尔安德莱姆；索尔兹伯里；奥德利的十字架；奥德利；汉比弥尔河；布洛哈姆雷特

右上图：尽管没有和兰开斯特军在一起，传说安茹的玛格丽特站在附近的高塔上观看布洛希思一战。当败局已定时，她迅速地逃跑。（图中文字：1459年9月23日，铁匠威廉·斯科尔霍恩就是在这里，帮助玛格丽特王后调转了马蹄铁，以便让她能更快地逃离布洛希思的战场。）

如同那个时代所有的战斗一样，双方先互派信使进行谈判。谈判破裂后，双方的弓箭手开始长距离对射，但依然未能分出高下。索尔兹伯里伯爵随即下令自己的一部分军队撤退，好像要逃离战场的样子。这诱使兰开斯特军大举进攻，一般情况下这种进攻能大获全胜，然而兰开斯特的骑士在渡过河道陡峭的小河时遇到了困难。索尔兹伯里伯爵命令手下突然掉头进攻，对方死伤惨重，不得不撤回营地。兰开斯特军的第二次进攻终于渡河成功，但是却没有能击溃约克军。在这一次冲锋中奥德利男爵战死。兰开斯特军的第三次冲锋还是被打退，一些兰开斯特军开始叛变投敌。索尔兹伯里伯爵利用这一混乱果断出击，彻底击溃了兰开斯特军。据说兰开斯特军死亡超过两千人，但更糟糕的是这一战让兰开斯特军士气大伤。索尔兹伯里伯爵率领部下前往拉德洛与其他约克军会合。胜利会师的军队开始向伍斯特进军。

右下图：1459年，兰开斯特军攻占了拉德洛城堡，但是这座城堡依然是约克家族的产业。后来的爱德华四世安排自己的儿子（也叫爱德华）在这里长大，也是从这里出发去伦敦加冕。

路孚德桥战役，约克军惨败

到 1459 年 10 月时，约克公爵理查已经完成了大军在拉德洛的集结。他下令进军伦敦，但他很快意识到国王的一支大军正在赶来拦截的路上。在伍斯特短暂停留后，约克公爵率领军队撤退到路孚德，这座小镇位于拉德洛城堡附近。他照常派信使给国王送去信息，向亨利六世表达自己的忠心，希望能和国王和平谈判，但是这种做法此时已经没有任何意义。

在这个关键时刻，约克公爵面临一个严重的问题：与国王的宠臣们争斗是一件事，但是和国王发生正面冲突可就是性质完全不同的另外一件

上图：当一部分约克军临阵倒戈时，路孚德桥战役便胜负已定。约克军兵败如山倒后，其首领逃亡，最后在加莱和爱尔兰找到了庇护。在他们逃离期间，议会决议剥夺其财产。

事了。若是以清君侧为旗号，打倒奸党让国王免受他们的迷惑，大家愿意战斗，但是毕竟拉德洛的军队是国王亲自指挥，这样一来，约克阵营中有多少人还愿意接着战斗就很难说了。

约克公爵倚河采取守势，将大炮对准路孚德桥以阻止敌军进攻，但是军中士气低落。一支加莱卫队临阵脱逃投奔王军，再次严重打击士气。很多约克阵营的将领等到天黑就悄悄逃跑，干脆连自己的军队都丢下不管。尽管非常幸运的是，大多数人没有受到伤害，但是该镇还是遭到了抢劫。被自己将领抛弃的约克军自动投降，国王下令既往不咎。约克公爵的妻子和年幼的孩子们被逮捕，但没有遭受虐待。理查自己取道威尔士逃跑，最终抵达爱尔兰；而沃里克伯爵及索尔兹伯里伯爵则乘船逃到了加莱。

人物介绍

理查·内维尔——"立王者"沃里克伯爵

1428年理查·内维尔诞生在实力雄厚的内维尔家族中,这个家族的主要产业位于英格兰北部。他的父亲也叫理查·内维尔,是威斯特摩兰伯爵的次子,在迎娶了索尔兹伯里女伯爵安妮时,也顺理成章地晋升为伯爵。理查·内维尔也就成了索尔兹伯里伯爵的继承人,加上他又迎娶了沃里克伯爵的女继承人,于是该伯爵头衔也成了他囊中之物。1449年他成为沃里克伯爵,这个头衔成了历史上对他最主要的称呼。

内维尔家族与沃里克伯爵的联合让博福特家族非常不悦:博福特家族也因为姻亲关系对同样的土地有继承权,并且内维尔家族和珀西家族一直不睦。1452年,约克公爵理查第一次挑战王权时,年轻的理查·内维尔站在亨利六世一边,但是一系列后来发生的事件导致他投奔约克阵营。

国王将内维尔拥有的土地又封给了博福特家族,造成两大家族越发不睦。博福特家族是宫廷中的红人,利用自己的影响力迫害对手,在1453年亨利六世疯病发作后情况更是不可控制。后来约克公爵成为护国公,博福特家族丧失了许多影响力,沃里克伯爵此时已经成了约克阵营中最有力的支持者。

沃里克伯爵被委任为加莱总督后,他的权势大大增加,让他成为玫瑰战争后期的"立王者"。截止到1462年,除了国王之外,英格兰最富有也最有势力的就是沃里克伯爵——尽管就直接权力而言他不及国王,但是影响力可以说超过前者。

爱德华四世即位后,沃里克伯爵的权力如此之大,以至于他可以囚禁亨利六世和爱德华四世两位国王,使国王成为他手中的玩物;但是最终命运无常,他不得不逃到欧洲大陆,并不可思议地与从前的敌手——安茹的玛格丽特结盟。

1470年他遭议会弹劾,在1471年巴内特战役中,一代枭雄陨落,在乱军溃败逃跑中他死在战场上。沃里克伯爵死后的遗产分配又导致了格洛斯特的理查(后来的理查三世)和克拉伦斯公爵之间的争斗。

左图:理查·内维尔对英格兰政治的影响深远。他卷入的争斗决定了玫瑰战争的走向,而他担任要职时,中饱私囊,更造成了英格兰与外国势力的不睦。

亨利六世召集议会，11月20日议会举行全体大会。这次会议就是历史上著名的"魔鬼议会"，因为其主要目的就是通过一系列惩罚约克阵营领导者的决议。"剥夺公权法案"是指议会判定某个人犯有叛国罪或者其他严重罪行，这一审判立即生效而不需要法庭审理。约克阵营的领导者们自然不会乖乖地参加法庭审理，尤其是敌人控制的法庭。

会议判定，所有约克派领导者均有罪，没收他们所有的权力、头衔和财产。所有这些都收归国王，不再世袭罔替。被定罪的有约克公爵理查及他的儿子爱德华和埃德蒙，同时还有沃里克伯爵及索尔兹伯里伯爵——两人的名字同为理查·内维尔。

"魔鬼议会"理论上没收了约克派领导者的所有财产，这样他们再也没有可能招兵买马，但若是兰开斯特派依然不停地得罪其他贵族，约克派依然被视为反对国王的领军人物。在这时，事态还没有发展到这一步；亨利六世已经和反对派达成了协议，他的统治依然稳固。不过，还有很多人为约克派感到不平，毕竟整个宫廷都由亨利六世的宠臣们控制着，他们为了达到目的不择手段。那些不受国王喜爱或者没有能力反对这群宠臣的人，仿佛感觉到了头上悬着把利剑——没有约克阵营的制衡，这些宠臣更加为所欲为。

右图：在北安普顿战役中，约克派取得了至关重要的胜利，尽管这胜利略有些不正大光明。格雷·德·里辛的背叛毁了本身有利的形势，导致约克派再次擒获亨利六世。

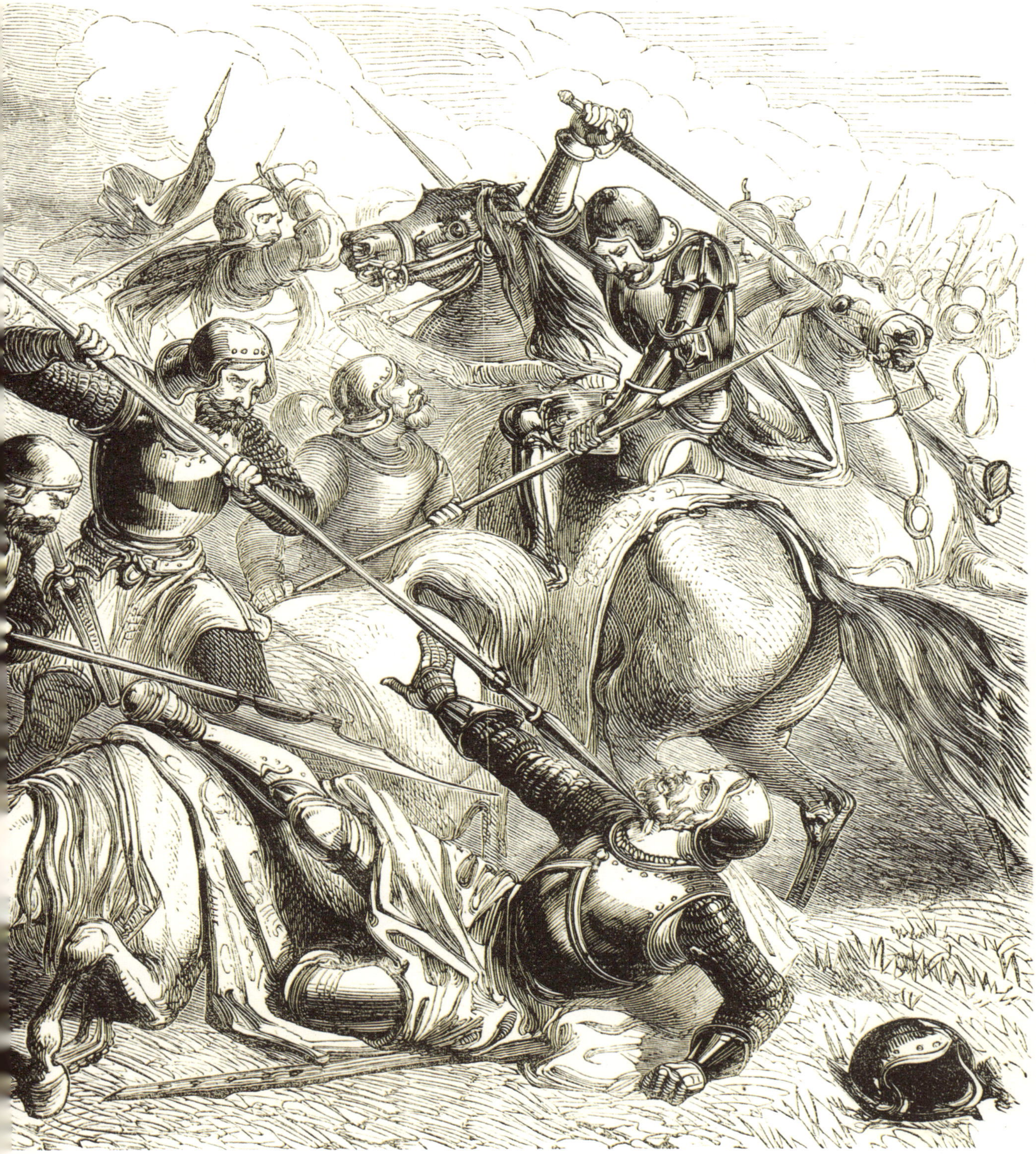

敌对持续

沃里克伯爵仅仅比萨默塞特公爵亨利·博福特早赶到加莱一些,后者是国王派来接管加莱的。这里的驻军依然效忠于沃里克伯爵,并驱逐了试图夺取港口的萨默塞特公爵。沃里克伯爵在这里安顿下来,甚至组织舰队进攻桑威治。

负责守卫桑威治的是瑞弗伯爵理查·伍德维勒。尽管他已经做好全面准备,但最终还是一败涂地,他本人也被俘虏。沃里克伯爵此后前往爱尔兰,约克公爵理查正在这里游说,争取爱尔兰贵族们的支持。和沃里克伯爵一样,约克公爵也击退了来接手爱尔兰的兰开斯特派领袖——威尔特郡伯爵。

约克公爵和沃里克伯爵强强联手,制订好行动计划:1460 年 6 月,沃里克伯爵带领一支来自加莱的军队回到英格兰。和他一同进军的还有索尔兹伯里伯爵和马奇伯爵爱德华。他们从桑威治登陆,然后直捣伦敦——路上又争取到许多百姓的支持。伦敦并没有抵抗,沃里克伯爵非常受欢迎——毕竟他打败了法国人,而且扶持商人阶层,而国王则偏安在考文垂。

1460 年 7 月,一支约克军在沃里克伯爵和马奇伯爵爱德华的率领下,与国王的军队在北安普敦展开一场大战。兰开斯特军领袖是白金汉公爵,已经在此布置了炮阵要塞,可惜的是大战当天偏偏赶上暴雨,大炮根本没有办法使用。不仅天公不作美让兰开斯特军优势丧尽,军事将领临

下图:兰开斯特军大败之时,一群忠勇之士——包括几名位高权重的贵族——为了掩护国王撤退而献出了自己的生命。可惜国王跑得不够快,让这些人的鲜血白流。

背景知识

和平友爱日协定

在漫长艰苦的谈判后，和平日协定的条款最终确定下来。大部分条款都是有关财务的，以补偿金的形式对不公正进行赔偿。协定的主要目的，是降低王国内部的矛盾；尤其是珀西家族与内维尔家族的矛盾，是该协议的主要对象。

以大笔押金和庄严誓言作为保证，领主埃格雷蒙特（珀西家族）必须与内维尔家族保持10年的和平。内维尔家族的索尔兹伯里伯爵被要求取消所有对埃格雷蒙特的罚金。约克派将捐献一大笔善资给圣奥尔本斯修道院，那里的修士将负责为所有在战场上阵亡的人祈祷。兰开斯特阵营那些失去亲人的人，应该视此为补偿，不再寻求复仇。

在各项财务协议中，有一条是要求沃里克伯爵向克利福德家族支付1000马克，另一条是要求约克公爵向萨默塞特公爵支付5000马克。因为国王欠约克公爵大笔款项，约克公爵干脆把一部分债权转给了萨默塞特公爵，而并未支付现金。此举似乎并不符合和平日协定的基本精神，其中人们还是可以看出贵族们对这一协定的态度。尽管约克派和兰开斯特派手挽手，在亨利六世的带领下步入圣保罗大教堂，但仅仅数月后，他们便为了控制王国再次出手相斗。

阵变节更让军队死伤大半。兰开斯特军的左翼本来是由格雷男爵率领，但是他临阵"放水"使约克军夺取了有利地形。原来他已经和约克军谈好条件，待成事之后便会加官晋爵。这次叛变导致约克军轻松击破了兰开斯特军的防线。

尽管阵脚已乱，剩下的兰开斯特军还是与敌人展开了殊死搏斗。白金汉公爵为了保护国王战死沙场——这却应了他战前的承诺。还有一些贵族也战死，一场屠杀似乎在所难免。沃里克伯爵此时下令，投降者一律不杀，算是放许多人一条生路。国王在自己的大帐中被再次捉住，依然受到礼遇被押往伦敦。约克公爵理查也带领一支从爱尔兰来的军队抵达伦敦，双方胜利会师。

调解法案

10月份议会召开全体会议，这次会议上约克公爵正式宣布王位是属于自己的，并把手按在王冠上显示继承权。这一举动引起了与会贵族的争论。清君侧毕竟不是废黜国王。众人质问约克公爵，为何此时才宣布自己拥有王位，之前也曾有机会吗？公爵回答说他有权保持沉默，但是他对王位的拥有权不会失效也不会消失。

96 玫瑰战争

第四章 魔鬼议会 97

然而，议会不愿意接受废黜国王的条件。沃里克伯爵是积极进行调解的人之一，他希望约克公爵和国王达成协议，或许此前他并不知道约克公爵想要夺取王位的计划。无论事实如何，此时沃里克伯爵并不支持约克公爵夺取王位，这迫使新一轮的谈判展开。

最终谈判的结果便是《调解法案》的产生，其中规定亨利六世将终生执政，但是他去世后王位应该由约克公爵理查继承。这样一来自然剥夺了王子威斯敏斯特的爱德华的继承权，王后安茹的玛格丽特表示坚决不能接受。许多兰开斯特派的贵族也表示不同意，这就造成了尽管约克派控制了伦敦和国王，但是国内的大多数地方都反对他们。

这看起来似乎像是与冲突爆发前的情况相反，但是实际上相似之处只停留在表面。过去的几年中发生了许多事，大家族之间因为王朝和领土之争已经升级为血海深仇的敌人。水涨船高，每个阵营都对态度模棱两可者越来越残酷。

左图：桑德尔城堡在安茹的玛格丽特在英格兰北部举兵之时，成为非常重要的基地。约克公爵理查就是从这里出发去参加韦克菲尔德之战，最终大败并战死。

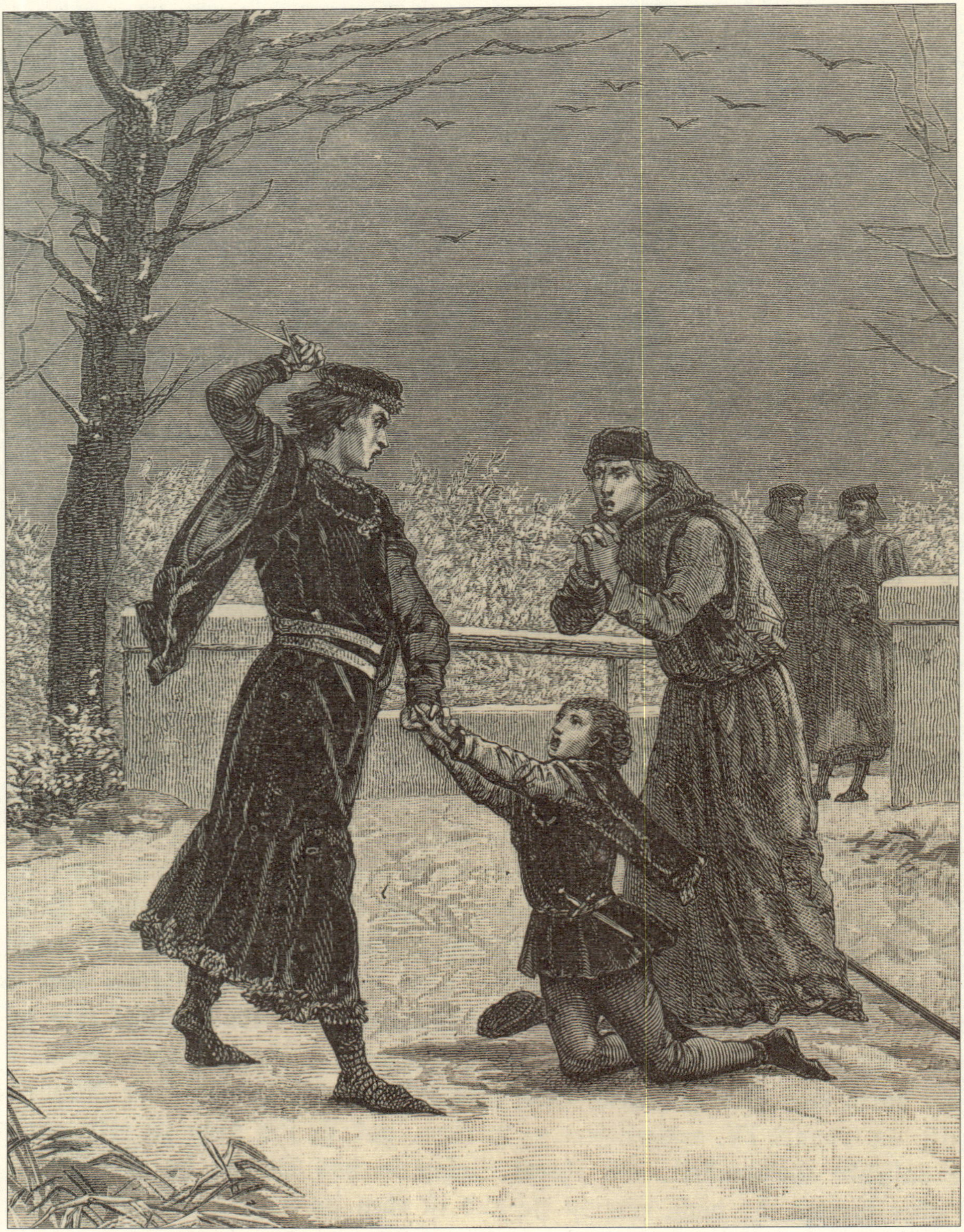

左图：到了 15 世纪 60 年代，玫瑰战争已经变得非常血腥残酷，仇恨超过了当时的社会习俗和对赎金的渴求。约克公爵理查之子鲁特兰的埃德蒙，在承诺了一笔据信数目庞大的赎金之后，还是被杀了。

韦克菲尔德战役

安茹的玛格丽特无法接受约克公爵理查成为王位继承人。于是，她与苏格兰詹姆士三世结盟，求他助自己一臂之力。同时兰开斯特军正在西南部、威尔士和英格兰北部集结。

留下沃里克伯爵驻守伦敦，并确保国王掌握在约克派手中后，约克公爵理查派自己的儿子带兵西进，自己则带领军队于 1460 年 12 月 9 日出发北上。史料对他军队的人数记载有差异，他很有可能想在进军途中继续召集兵力，也或许公爵大大低估了对手的实力。

12 月 16 日，约克军第一次与敌人不期而遇。埃德蒙·博福特（后来的萨默塞特公爵）率领一支兰开斯特军向北与其他兰开斯特军会合，结果双方在沃克索普遭遇。史料有关这场战斗的记载不一，但估计应该是较小规模的战斗，约克军并没有改变北上的方向。21 日，约克军来到桑德尔城堡，并在这里休整。兰开斯特军则驻扎在庞特佛雷特，他们挫败了约克军所有的侦察行动。约克公爵立即派出信使召集增援部队，但是在任何增援到达之前他决定发起进攻。

右图：矗立在约克公爵理查在韦克菲尔德之战中被杀地点的纪念碑。他的贵族称号成为玫瑰战争中一派的名称，一时间约克派领袖理查的死，让双方的界限不那么清晰。

其中最可能的原因是补给不足。北上行军途中，约克军消耗了大部分给养，此时正是 12 月，路上寻找新的食物来源并不容易。约克公爵决心冒险一战，因为他知道，再过几天将只有撤退一条路。另外可能的原因是敌军不断得到增援，那么约克军被包围全歼的可能性大大增加。还有种可能就是约克公爵过于自信了。

另有史料记载，兰开斯特军打出了假旗帜，误导约克公爵认为援军已到，于是匆忙出战与援军会合，本来他是不想作战的。还有史料认为，约克公爵率领一小股部队正在收集粮草，结果遭遇了兰开斯特军，战斗升级，约克军人数远远不敌对手。根

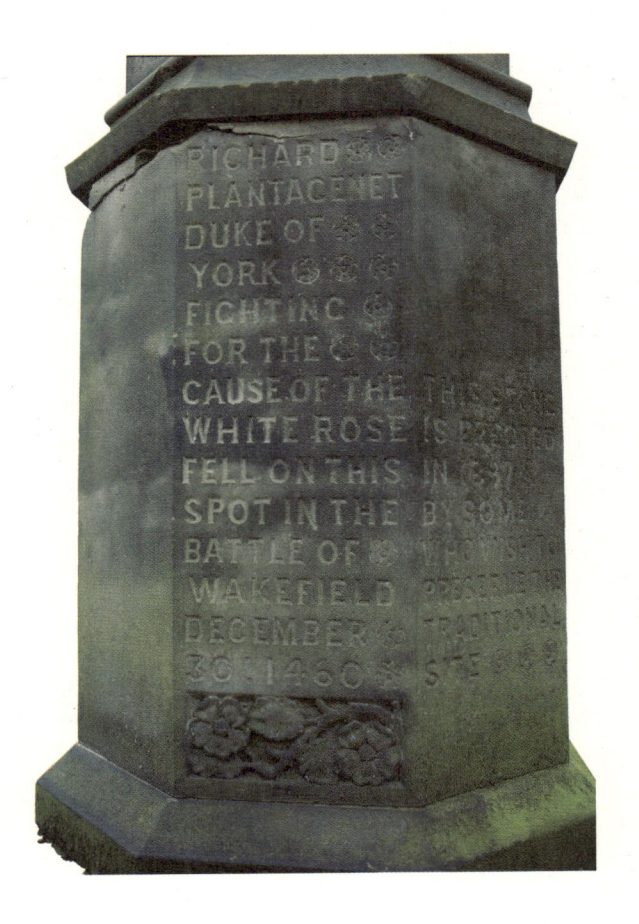

上图：韦克菲尔德之战中得胜的一方毫不手软。理查的首级戴着纸王冠，被挂在约克郡的城墙上。这一举动的目的在于恐吓其他的约克派，但是并没有起到任何作用。

据另一些史料，一支兰开斯特军进攻桑德尔城堡引诱约克公爵出战。看到敌人只有一小股部队，约克公爵自认为胜算很大，但是开战之后其他兰开斯特军迅速冲上战场，击垮了约克军。

无论如何，约克公爵理查在这场大战中丧命。他的儿子鲁特兰的埃德蒙试图逃跑但是被捉住。埃德蒙请求敌军饶命，表示愿意支付大笔赎金，但还是被杀死。索尔兹伯里伯爵被抓住，暂时被扣为人质，允许交赎金保命。可惜他落入了一群憎恨他的百姓手中，最终也被杀死。这在当时屡见不鲜：对于贵族而言，缴纳赎金保命有着很大作用，但是普通百姓根本不吃这套，他们从这个制度中捞不到好处，也不受这个制度保护。

约克公爵理查身首异处，首级被戴上一顶白色的纸王冠，和索尔兹伯里伯爵以及鲁特兰的埃德蒙一同在约克郡展览。兰开斯特军挥师南下，目标是伦敦；但是约克派并没有消失，伦敦和国王还在沃里克伯爵的控制下，而马奇伯爵爱德华则从自己的父亲约克公爵那里，得到了英格兰王位的继承权。

背景知识

纹章和符号

使用纹章来表明贵族或武士的身份可以追溯到亨利一世甚至更早的时代，到1150年左右已经非常普遍。早期的纹章由简单的形状和线条组成，颜色对比鲜艳，往往印在盾牌上，用来分辨敌我。

在那个没有制服和标志的年代里，这种纹章非常有用，其主要的目的不仅仅是避免误伤，还能使骑士和领主便于识别，有利于在战场中指挥盟友和部下，而且他在战场上的英勇行为也容易被记录下来。那时人们的社会地位和一个人在战场上的英勇息息相关，所以成功清晰的记录非常重要。鲜艳明亮的色彩——当然还有贵重金属的颜色——用来保证纹章的设计简单明了、一看便知，哪怕是戴着头盔也依然清晰可辨，防止战争中的混乱。

渐渐地出现了用来描述欧洲复杂的纹章的专业术语，当然这时纹章在战场上的标识作用并未消失，不过又有了新的含义。比如纹章可以表示一个人是某个家族的长子、次子还是小儿子，而且大家族婚配后纹章如何结合也大有讲究。

纹章最终发展成为装饰，被用来标识一个家族的重要财产或产业，和现在大企业的标志有些类似。与此有关的一个趋势，就是普通百姓越来越多地使用某个贵族的徽章。商人、工匠、市民甚至还有些工人开始使用他们雇主或领主的纹章。众多纹章中最著名的或许就是兰开斯特的"红玫瑰"和约克的"白玫瑰"了。其实它们并不是家族纹章，但却是其支持者们身份和忠诚的象征。

兰开斯特的"红玫瑰"

约克的"白玫瑰"

兰开斯特的"红玫瑰"和约克的"白玫瑰"被效忠这两大阵营的商人、仆从和其他追随者使用。在斗争中它们并未被使用在战场上，用作旗帜或是军队的标志。

第五章 马奇伯爵爱德华

马奇伯爵爱德华

约克公爵理查在担任法国总督时，他的妻子塞西莉·内维尔陪伴他并在鲁昂为他诞下一子，这便是爱德华。尽管他是次子，但却是约克公爵第一个长大成人的儿子。

爱德华成为了马奇伯爵，这是约克公爵所有继承头衔中最高的一个，当然爱德华还是未来的约克公爵。此外，作为爱德华三世的后裔加上自己父亲的原因，他同样对英格兰王位有继承权。1460年，父亲和弟弟在韦克菲尔德战役中丧命，爱德华就成了约克阵营的领导者。此时他正在英格兰西部与兰开斯特军作战，而伦敦还处在沃里克伯爵的控制中。

亨利六世也被囚禁在伦敦，尽管名义上他还是国王。兰开斯特派的目标是营救国王，把约克派从伦敦赶走，位于英格兰西部的爱德华以及他的军队并不是首要目标。这种思维也多少反映了当时人们对首都的象征意义以及经济的看法：伦敦是英格兰商业的中心，控制这座城市能带来大笔收入，而且能控制伦敦还有巨大的象征意义。控制政府所在地，将更容易控制管理机构，而且会被百姓认可为权力的拥有者，并得到他们的支持。

马奇伯爵爱德华，于1461年2月进入伦敦，他广受人民欢迎。他在1461年3月4日加冕，尽管此时由亨利六世挂名指挥的兰开斯特军仍是心腹大患。

人物介绍

马奇伯爵爱德华

马奇伯爵爱德华也就是后来的英格兰国王爱德华四世。1442年，他出生在法国鲁昂，当时他父亲正担任法国总督一职。最后他成为约克派的第一位英格兰国王，而且也是少数被废黜后又再次夺回王位的国王之一。在玫瑰战争这个动荡的年代中，爱德华四世是为数极少的得享天年的人物——他死于自然原因。

据记载，马奇伯爵爱德华人高马大，而且外貌英俊，很受大家爱戴，而且与亨利六世不同，他不那么容易受控制。战场上他又是有勇有谋的武士，武功了得，因此马奇伯爵爱德华是王位的上佳人选。这位第七代马奇伯爵，因1460年其父死在韦克菲尔德战役中，于是他又继承了约克公爵头衔。从父亲那里他还得到了英格兰王位的继承权，因此在玫瑰战争中，他不可能袖手旁观。对于亨利六世及其党羽而言，爱德华四世是潜在的威胁；若是他不幸落入敌手，必然会被囚禁或被处死。

1461年，马奇伯爵爱德华被加冕为爱德华四世，此时亨利六世正被关在牢中。兰开斯特阵营经历了一系列失败，爱德华四世登基后继续实行对他们压制政策。但是他不愿意受沃里克伯爵理查·内维尔的控制，由此又导致了国王和"立王者"之间的决裂，并演变为公开斗争。

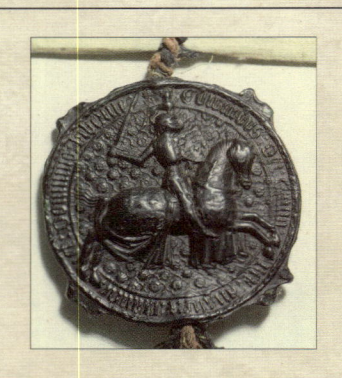

上图：爱德华四世的印章。爱德华四世统治时期似乎如在动荡岁月中的一座稳固的岛屿。虽然他有能力足够应对兰开斯特家族的威胁，但他的政策疏远了原来的约克派。

爱德华四世被短暂囚禁，1469年又被释放。

随着与沃里克伯爵的冲突加剧，沃里克伯爵又拥护懦弱的亨利六世为国王；而爱德华四世只得逃往欧洲大陆，在那里他受到了勃艮第公爵的保护。有了强大后盾的爱德华四世又回到英格兰，争取了更多的支持。1471年巴内特战役中，爱德华四世大败沃里克伯爵，"立王者"被杀。

重新登上王位的爱德华四世坐稳王位后，还分别于1475年和1482年远征法国和苏格兰。1483年爱德华四世去世，他的儿子爱德华五世短暂地继承王位，但是这位年仅12岁的小王子在前往伦敦加冕的路上被拦截，然后被囚禁起来。幕后主使正是爱德华四世之弟——格洛斯特公爵理查，最终他登上了英格兰王位，史称"理查三世"。

亨利六世在被敌人俘虏方面是专业户。他为何屡次被俘还能保命也让人费解，毕竟同样被俘虏的人中很多人被杀。1470—1471 年，他被沃里克伯爵俘虏后成为任人摆布的傀儡。

人们对国王的看法也与此类似。挟制君主可以强迫他接受不公平的条件,同样控制国王的人自然被视为王国的实际控制者。国家分裂成不同派系已经被大家接受,俘虏或者释放国王会让一方显得更加强大,这样能够说服骑墙派或者中立派加入约克阵营或者兰开斯特阵营。

第二次圣奥尔本斯战役

1460年12月,约克公爵理查在韦克菲尔德之战中战败被杀,兰开斯特派认为他们已经扭转了局面。不过伦敦依然控制在约克派手中,

上图:第二次圣奥尔本斯之战的胜利让安茹的玛格丽特成功地解救了自己的丈夫,但是军事上的优势很快化为乌有。进攻伦敦的失利让约克派赢回了主动权。

国王也是约克派的俘虏。在安茹的玛格丽特的领导下,兰开斯特大军挥师南下,意图攻占王都,解救国王。

兰开斯特大军大约有15000人,另外一个优势是安德鲁·特洛勒普加入了兰开斯特派。特洛勒普曾经是沃里克伯爵军队中的指挥官,他随着加莱的驻军来到英格兰,在路孚德桥战役中叛逃。特洛勒普为兰开斯特派带来了众多身经百战的勇士,这些人常年和法国作战,经验丰富,更重要的是特洛勒普了解沃里克伯爵的策略。另一位原先是约克派、现在帮助兰开斯特军的是亨利·勒夫莱斯爵士。他在韦克菲尔德一战中被俘虏,靠投诚保住了自己的性命。勒夫莱斯提供的信息让兰开斯特军避免与约克军正面作战,能迅速抵达邓斯特布尔并攻占了那里。

1461年2月16日,在邓斯特布尔被攻取后,兰开斯特军乘胜进军,连夜开往圣奥尔本斯。这个计划或许来自特洛勒普,他非常了解沃里克伯爵的部署:若是攻取圣奥尔本斯,兰开斯特军会控制沃里克伯爵的侧翼。圣奥尔本斯防守甚为严密,兰开斯特军第一次冲锋被密集的弓箭挡了回来,不得不后退。特洛勒普在侧翼展开行动,切断了弓箭手们与沃里克伯爵其余上万大军之间的联系。攻城战持续了整整一天,约克军逐渐被压缩到城中一角,最后寡不敌众。

对弓箭手们的支援非常缓慢,大多因为沃里克伯爵军中的指挥官认为敌军进攻圣奥尔本斯是调虎离山,但是最终他们缓过神来,主要的威胁并非来自北面。沃里克伯爵于是立即调

第五章　马奇伯爵爱德华　107

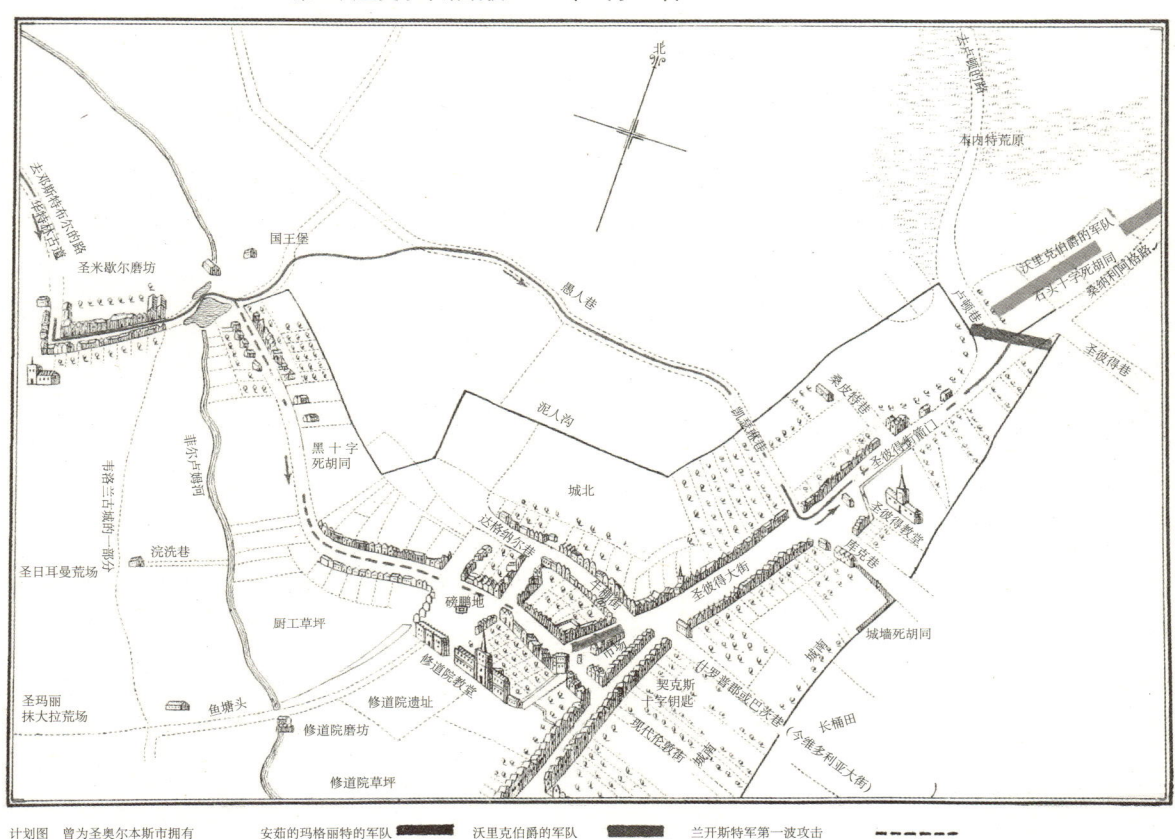

第二次圣奥尔本斯战役 1461 年 2 月 17 日

计划图　曾为圣奥尔本斯市拥有　　安茹的玛格丽特的军队　　沃里克伯爵的军队　　兰开斯特军第一波攻击

上图：兰开斯特军破晓时分开始进攻圣奥尔本斯。他们冲上山坡，越过修道院，这时遭遇了约克军弓箭手的射击。约克军击退了兰开斯特军的第一轮冲锋。

整战术重新布阵，但是进展缓慢。距离圣奥尔本斯最近的部队前去支援城内的弓箭手们，被兰开斯特军击退。一些历史资料认为，这要归功于亨利·勒夫莱斯爵士，他秘密地为兰开斯特军提供情报，此时出其不意地公开出现。不管这是否是事实，沃里克伯爵的军队人数不敌对手，现在又处于非常不利的处境。偏偏这时天降大雨，造成了手铳和大炮统统无法使用。

此时最好的选择是迅速撤退，但是大军人数众多，慌忙撤退可能会造成混乱。尽管通信不畅，沃里克伯爵还是将 10000 人中的大约 4000 人撤出战场——这也正是他带来参战的人数。此时夜幕降临，加上兰开斯特大军相当疲劳，更帮助沃里克伯爵成功撤退。连夜进军加上一天的战斗，兰开斯特军也无力追击。

不是所有的约克军都能全身而退。不少约克军被分割成小块，切断了退路，两位知名的骑士就遇到了悲惨的命运。威廉·邦维尔男爵和托马斯·基利尔爵士——两位可敬且高尚的勇士，负责在整个战斗期间保护亨利六世的安全。亨利六世显然又在发病周期中，有不少史料记载他对周围激烈的战斗毫不关心。因此首要的任务倒不是防止他逃跑，而是保护他的生命安全。邦维尔和基利尔在战斗和混乱的撤退期间，一直坚守住了阵地，保护国王没有受到伤害；最后将亨利六世完好地交到了兰开斯特军手中。安茹的玛格丽特恩将仇报，下令处死二人。如何处死他们，她把决定权交给她的儿子威尔士亲王爱德华（这时大约7岁）。这位年轻的王子此时就展现出了对斩首这项酷刑的热爱，他下令砍下他们的头。史料记载，后来在他流亡法国时，据说威尔士亲王爱德华最爱谈论的就是斩首这个话题——旁听者们对这位年轻人的爱好感到不安。

亨利六世似乎立即恢复了理智，他加封不少人为骑士，其中还包括爱威尔士亲王爱德华和安德鲁·特洛勒普。此后兰开斯特军稍作休整，大军浩浩荡荡开往伦敦。兵临城下，毫无意外地发现城门紧闭。主要的原因是，伦敦居民害怕兰开斯特军抢劫。要知道赶来的一路上，兰开斯特军一直没闲着，到处劫掠。究其原因，一部分是为了补给，另一部分是为了满足苏格兰军的需要，保证他们不叛变。加入兰开斯特阵营的苏格兰军对英格兰王位之争不感兴趣，这些人大多数是冒险家和商人，他们感兴趣的是利用任何可能的机会装满自己的口袋。尽管苏格兰军大大增加了兰开斯特派的战斗力，但现在他们显得多余，而且是严重的麻烦。

由于无法进入伦敦，兰开斯特军只得北撤，一路上苏格兰人不断开小差，跑了不少人。这些人大多数回苏格兰，另一些则是组成小分队，方便抢劫。这样一支力量衰败的兰开斯特军，又将迎来一场大战。

爱德华归来

约克公爵理查之子爱德华，从去年开始一直在英格兰西部进行军事行动。整个冬天他在格洛斯特休整军队，准备来年与威尔士的兰开斯特军决一雌雄。得知父亲的死讯后，爱德华迅速指挥部队朝伦敦方向进军，但是被欧文·都铎和彭布罗克伯爵阻挡——他们率领一支兰开斯特军从威尔士出发，向东前进。为了阻止兰开斯特军兵合一处，爱德华带领2500名精兵与对手决一死战。兰开斯特军约有3500人，人数超过爱德华的军队，但是其中大多数人经验不足。

在向莫蒂默路口进发途中，爱德华的军队看到了吉兆。气象学上这个现象叫做"幻日"（或称假日），天上同时出现了三个太阳。爱德华认为，这三个太阳便是象征约克公爵的三个儿子，后来，他就把耀眼四射的灿日加到了自己的纹章中。

接下来发生的大战简直就是逆转的布洛希思

上图：1461年莫蒂默路口战役发生的时代，大战之后互相报复是家常便饭。被俘获的兰开斯特派贵族无一幸免，被处决的贵族中包括亨利六世的继父欧文·都铎。

战役。1461年2月2日，约克军决心坚守阵地，而兰开斯特军必须突破包围才能与主力会合。经验不足的兰开斯特军首先发起进攻。在弓箭一阵对射后，双方冲锋杀在一起。有关这场战斗的纪录很少，但是约克军最终赢得了胜利。鉴于双方人数不多，而战斗发生之处有卢格河作为天然限制，西面又有森林，所以或许值得记录的并不多。在这样的地形条件下，没有什么战术的发挥余地，也没有哪一方占有地理优势，莫蒂默路口战役很可能是一场双方正面对冲，而坚持到最后的一方获胜的战斗。

左图：出身低微的欧文·都铎是瓦卢瓦的凯瑟琳的第二任丈夫。尽管议会禁止二人结婚，最终他们还是结合了。欧文一直与国王不和，但他还是站在兰开斯特一边，直到在莫蒂默路口之战中被俘处死。

背景知识

匕首和短剑

对于骑士而言，匕首是标准的备用武器，各兵种都喜爱使用。匕首的设计各种各样，有的模仿工具的设计，甚至还有专用穿甲的匕首。

圆柱匕首的名字来源于他的圆柱形手柄和圆形的柄头。它尖锥形的刀刃可以穿破锁子甲破坏其结构，不过它没有穿刺板甲的能力。圆柱匕首可以刺入盔甲的缝隙之处，还有头盔上眼罩的间隙——若是盔甲穿戴者被敌人控制住不能动弹的话。若是配合重物敲击匕首的柄头，那么即使非常严密的盔甲缝隙也难以挡得住它。许多骑士就是这样丧命的：他们被拉下坐骑或者因为受重伤跌倒，他们往往被从盔甲缝隙或者头盔眼罩间隙刺入的匕首杀死。

短剑具有类似的功能，尽管这类武器没有像尖锥匕首那样宽大的圆形柄头，外形较为美观。其剑锋往往呈三角形，不带刀刃。对于受伤较重的骑士，短剑是结束其痛苦的最好方式；当然对付敌人也同样有效。

这两种武器是骑士的必备，许多攻防技巧被应用到实战中。其中包括许多抓握和搏斗技巧，也是骑士必练的基本功。

同样的技巧还可以用来抵御刺杀，若是骑士在没有穿戴盔甲的情况下，手中只要有上述武器之一或其他种类的更小的匕首一样可以脱险。

最终，爱德华手下的约克军凭借着自己在战场上丰富的经验，挡住了兰开斯特军的数次重击。每次兰开斯特军都被击溃，不知多少将士命丧战场；许多兰开斯特派贵族，包括欧文·都铎爵士在内，都在被俘后惨遭处决。这场大战后，爱德华乘胜率军开往伦敦。在圣奥尔本斯败北的沃里克伯爵成功与爱德华会师，并一同入主伦敦。

爱德华四世加冕和陶顿战役

1461年3月4日，爱德华加冕为英格兰国王，史称"爱德华四世"。亨利六世此时依然处在出逃状态，但是曾经反对约克公爵理查夺取王位的人现在没有再站出来提出异议，甚至当年作为反对理查加冕主力的沃里克伯爵，现在是辅佐爱德华登基的主力。

不过约克派没有多少时间庆祝。兰开斯特军此时虚弱——重要的苏格兰兵团已经撤离，而且其支持者越来越少。造成后者的主要原因是，国王亨利六世并没能够带领兰开斯特军进入首都。现在的局面对于爱德华四世和约克军来说是极好的机会，可以狠狠地痛打虚弱又缺乏支持的兰开斯特军。

爱德华四世于是率领大军北上，朝着兰开斯特军主力扑来；这时兰开斯特军驻扎在约克郡塔德卡斯特附近的陶顿。开始时一切进展顺利：爱德华四世的先锋部队偷袭成功，攻占了艾尔河上的费里布里奇渡口，得到战略要地，但是战场局势万变，兰开斯特军在克利福德男爵的带领下，

下图：兰开斯特军在库克河附近的高地摆开阵式，他们前方还有天然的深沟作为防护。这场大战死者近3万人。

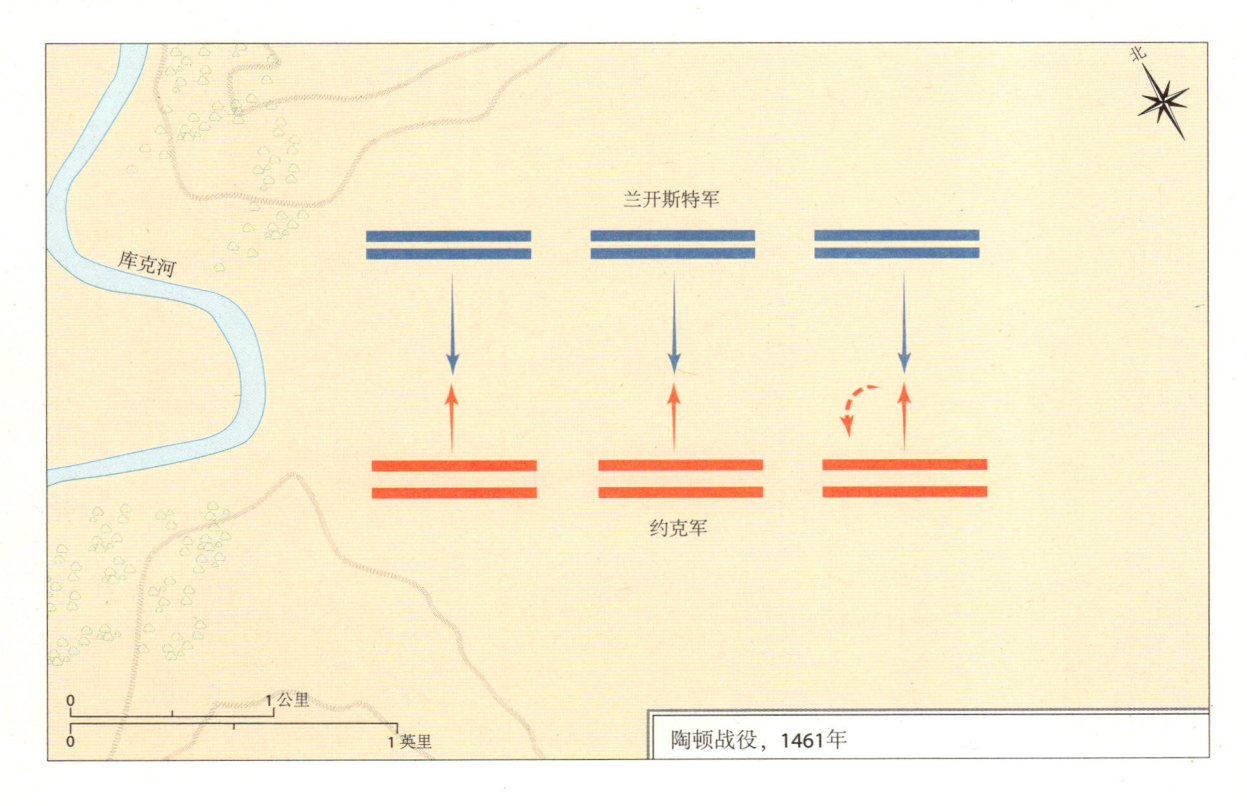

陶顿战役，1461年

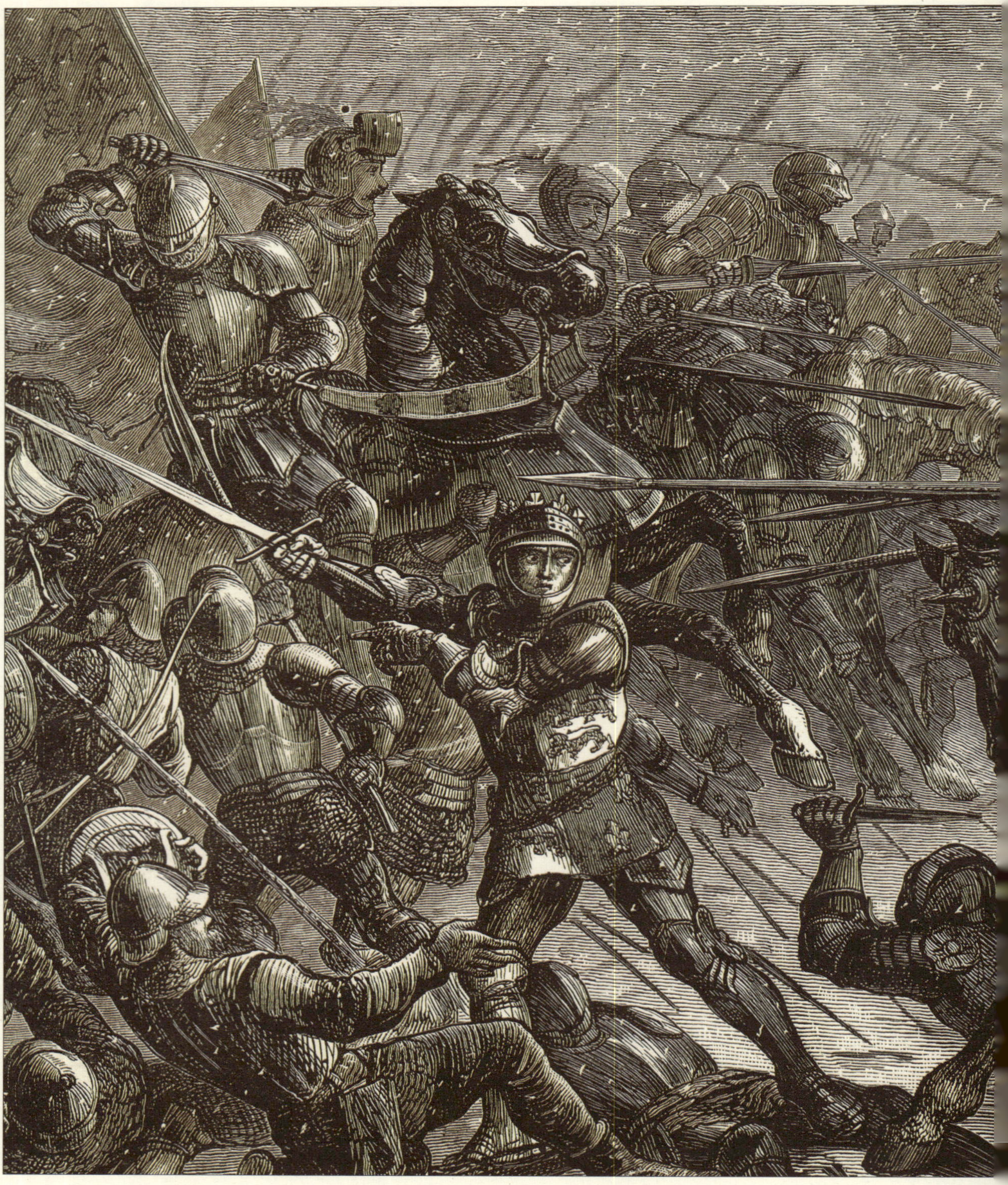

冲出陶顿，以同样的方式又夺回了渡口。渡口被敌人控制，爱德华四世及约克军将面临严重问题；幸好约克军中另外一个小队从另外的渡口渡河，包抄并偷袭了克利福德大人的部队。克利福德毫无选择，只好撤退；约克大军趁机过河，先锋部队则继续追击克利福德。克利福德应战，最后战败身亡。

爱德华四世率领约克军开到兰开斯特军主力的位置；兰开斯特军的地形有利，且防守严密。3月29日，爱德华四世与兰开斯特军正面相对，他发现敌军身处高地，且前有深沟，不利于约克军冲锋进攻。兰开斯特军人数占优势，史料记载约有6万兵力，而约克军约有5万；唯一对约克军有利的是——兰开斯特军正对着风雪的方向。

爱德华四世亲自上阵，辅助他的是沃里克伯爵以及伯爵备受敬重的叔父福肯贝格大人。与此相对照的，是亨利六世及其王后安茹的玛格丽特躲在约克郡，抛下兰开斯特军独自面对一场恶战。兰开斯特军的指挥是萨默塞特公爵亨利·博福特

左图：这幅有关陶顿战役的绘画，包含了许多中世纪战争的元素：长剑、狼牙棒、匕首和长矛，骑士们使用这些武器战斗。步兵挥舞的长矛也可以在背景中看到。

以及安德鲁·特洛勒普爵士。

尽管约克军还没有完全到达指定位置,爱德华四世决定发起进攻,弓箭手们打头阵射出一阵箭雨。要知道约克军的弓箭手占了风向的优势,而兰开斯特军迎着风雪,根本看不到敌人的位置。即使看得见敌人,由于风雪造成的阻力,他们回射向约克军的箭也没有太大杀伤力。不能再让眼前被动挨打的局面继续,兰开斯特军决定前进出战,但是那道先前用于防御的天然深沟给此后的战斗造成了麻烦。在混乱的进攻加上不利的气候条件、地面崎岖不平,而约克军箭如雨下等因素影响下,双方阵线不断接近。约克军弓箭手迅速后撤,双方步兵开始近身肉搏战。

诸多不利因素给兰开斯特军造成了麻烦,但是至少在人数上它还占有优势,一旦肉搏战开始,这一优势就显现出来:约克军的阵线节节败退,而爱德华四世冲在第一线,维持约克军阵地。高大威武的年轻国王在战场上格外醒目,那正是此时战场上最需要的英雄领袖。在长久的搏斗战中,

下图:灵巧的弓箭手很大程度上帮助约克军取得了陶顿战役的胜利,尽管双方直到约克援军赶到后才分出胜负。兰开斯特军的侧翼受到额外的冲击,溃不成军。

寡不敌众的约克军居然守住了阵线。现代研究表明，激烈的近身战斗持续了三小时之久，直到诺福克公爵率领的约克援军赶到，冲击兰开斯特军侧翼。胜负立见分晓，兰开斯特军在短暂激烈的抵抗后溃不成军。

战败的兰开斯特军从战场上逃命并不容易。大家竞相从库克河上一处窄小的渡口经过，大部分兰开斯特军被困在了渡口附近。许多人被诺福克公爵的生力军俘虏，剩下的人勉强过河，导致河上的桥梁坍塌。

一些史料称陶顿战役中约有5万人阵亡；另有一些史料说约克军损失8000余人，而兰开斯特军有约25000人死在这场战役中。就当时军队的

右图：作为英格兰历史上最大的战役，陶顿战役的原址竖起了陶顿十字架纪念碑。这座纪念碑位于当年兰开斯特军在战斗开始时阵线的位置。

人数而言，陶顿战役的死亡人数惊人，加上无数俘虏被处死，使这个数字更是高得可怕，在这时的战争中，贵族和骑士战败被处死已经很常见了。

获胜的爱德华四世基本上控制了英格兰全境。亨利六世还活着，不过他带着王后出逃到了苏格兰，与那里侥幸逃脱的兰开斯特派首领会合。许多兰开斯特派的重量级首领都死在了陶顿战场上，兰开斯特派元气大伤，一时难以恢复；但是，两派的斗争还远远没有结束，爱德华四世还要在军事上和政治上巩固自己的统治。

第五章 马奇伯爵爱德华 117

左图：在陶顿战役中，大量兰开斯特军的伤亡发生在溃逃中强渡库克河时，敌人对他们丝毫没有手软。

定为叛国罪，爱德华四世对其中愿意认罪悔过者一律免死。

兰开斯特派控制的要塞并没有消失。珀西家族控制的阿因维克城堡以及英格兰北部的一些城堡，依然坚持抵抗，尽管他们的作用最多是阻止约克派统治英格兰全境。亨利六世并没有放弃军事行动，尽管他手下可用的资源极其

下图：陶顿战役遗址上发现的战士残骸，显示死者可能被剑斜劈而亡。这位战士至少还与敌人面对面交战过，然而许多逝者并没有这样的荣誉。

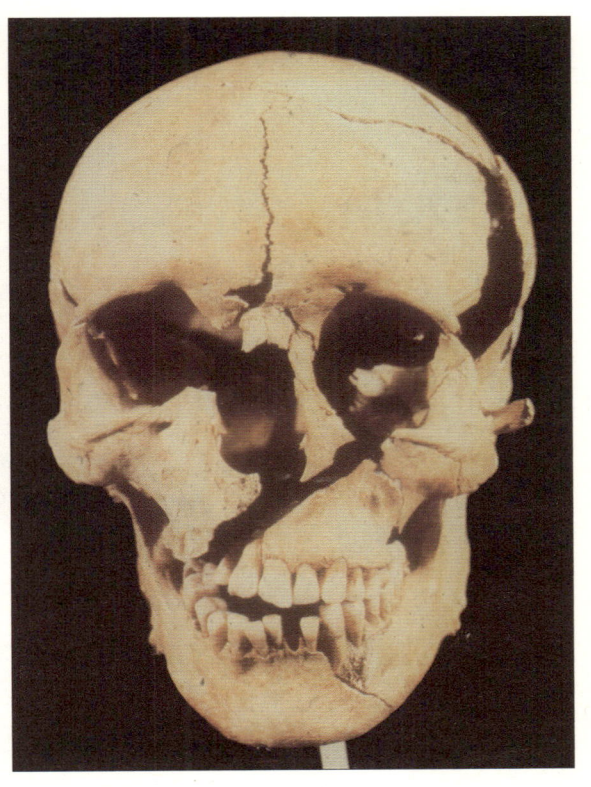

陶顿战役之后

作为胜利者的爱德华四世，比那个时代的许多统治者都要文明一些。不少兰开斯特派的人被俘虏，而大多数兰开斯特派的人则死在了战场上。一些幸存者不承认爱德华四世国王的身份，而被

有限。萨默塞特公爵亨利·博福特甚至前往法国进行游说,希望为兰开斯特派赢得法国人的支持。返回途中他被约克派俘虏,公爵本以为必然被处死,但爱德华四世决定赦免他,并请他担任国王的军事顾问。这也是爱德华四世寻求和解的努力之一,但是在萨默塞特公爵身上一切都是白费。1462—1463 年亨利·博福特似乎还为爱德华四世效劳,却突然前往英格兰北部,并在那里组织叛乱。1464 年 4 月 25 日,赫奇利荒原战役爆发。约克军由蒙塔古领主约

翰·内维尔率领，而萨默塞特公爵则率领人数几乎相同的兰开斯特军。蒙塔古领主在前往苏格兰进行谈判的途中，遭遇了萨默塞特公爵率领的兰开斯特军。兰开斯特军侧翼溃败，导致主力被困，最后惨败。不过，萨默塞特公爵和一小部分军队成功脱困并抵达赫克瑟姆。获胜的蒙塔古领主则继续北上完成自己的任务。

下图：阿因维克城堡是陶顿战役后兰开斯特军控制的要塞之一。珀西家族依然反对爱德华四世的统治，不过兰开斯特派已经完全分散，力量衰弱。

背景知识

头盔

　　头部是人身体中最需要防护的部分,但同时也是最难防护的部分。身体的其他大多数部分,本身就可以承受一定的冲击,而不至于造成严重伤害,一般而言没有受到刺穿铠甲的重击不至于致命,但是,通过铠甲传导的冲击依然可以置人昏迷,严重的话依然致命。头部防护则不仅仅是防刺穿,头盔设计时必须考虑分散冲击力,让佩戴者的头部和颈部不至于承受太大力量。

　　中世纪的头部防护设计多种多样。水桶形状的"锅盔"(也叫大头盔、水桶盔等)完全遮住了头部,提供了很好的防护,但是视线受限,而且呼吸也有些难度。

　　对于习惯带着头盔的人,视线受限不是非常严重的问题,他们通过长期训练已经适应了狭窄的视野。不过,在较大的战术运用时,视野狭窄依然会造成限制。更麻烦的是呼吸问题,头盔的内外空气交换速度总不及呼吸速度,这导致穿戴者很快会缺氧;若是再身披重甲作战,那人很快就会精疲力竭。一些骑士会在作战时卸下头盔,仅靠贴身的头部防护,希望没有头盔也能活下来。

　　这种设计是中头盔的源头,然后慢慢演变成全头盔。早期的中头盔用锁子甲来保护颈部,后来开始使用板甲保护咽喉。中头盔有着可以升起的面罩,能够保证更好的视线和呼吸的顺畅。在见到上级军官时升起面罩的动作,慢慢演变成了后来的敬礼。

　　一些骑士干脆不要面罩,尽管这样更容易受到攻击,但是能保障呼吸顺畅。其中的利弊也较为复杂:没有面罩无法防护弓箭或重器对面部的袭击,但是骑士不易疲劳,战斗力更持久,这也自然意味着他更能躲避致命重击。

　　中头盔最终被带护颈及活动面罩的头盔和轻盔取代,这两者都更加坚固,而且能够反射重击。英式轻盔一般还带有保护咽喉的护颈板甲,用来反射颈部遇到的重击。越是有权势的贵族,其盔甲和装备也越好,而地位较低的骑士则只能使用老式设计的头盔。

右图:中头盔,其形状几乎可以反射所有的重击。看上去有些怪异的尖嘴面罩是为了防护弓箭和长矛,把其尖锋向后引导,不至于射进眼罩或者是透气孔。

第五章 马奇伯爵爱德华

若是苏格兰和英格兰的关系改善,对于兰开斯特派而言,后果将是灾难性的:他们的领袖失去了庇护,而且苏格兰也不会派军队支持;他们这些领袖还可能被当作谈判筹码,最后交给敌人,这样他们就不得不逃到海外。唯一的办法,就是在军事上取得胜利,重获英格兰人对兰开斯特派的支持。

爱德华四世决定御驾亲征,北上平息可能出现的叛乱;不过蒙塔古领主5月15日率领大军首先赶到赫克瑟姆——兰开斯特主力的驻扎地。据估计双方兵力都在3000~5000之间,约克军位于高地。约克军迅速开进战场,一部分兰开斯特军望风而逃。这造成剩余的兰开斯特军被困在河边,而且没有支援。约克军大举冲锋,将部分敌人推入水中。其他兰开斯特军被包围,只好投降。蒙塔古领主不像爱德华四世那样仁慈,他下令将所有兰开斯特军首领全部处决。萨默塞特公爵亨利·博福特也难逃厄运,亨利六世则又一次不在战场上。

亨利六世有个怪毛病,上战场就会疯病发作,每次都会被人俘虏,这或许让他的智囊们认为,还是让他躲远点比较好。这种行为在那个时代为人所不齿,因为高级的贵族必须亲自上阵指挥,冲锋在前沿,展现英雄般的领袖风采。这些任务亨利六世哪个都做不来。让他远离前线,至少可以保证他的安全,同时也能让更有能力和经验的指挥官执掌军队——尽管在赫克瑟姆这也于事无补。

左图:躲在苏格兰的安茹的玛格丽特策划了这次在英格兰的军事行动,得到了不少兰开斯特派的支持。这包括珀西家族和一度为约克阵营效力的萨默塞特公爵。拉尔夫·珀西在赫奇利荒原战役中阵亡,珀西的十字架就位于战斗发生处附近。

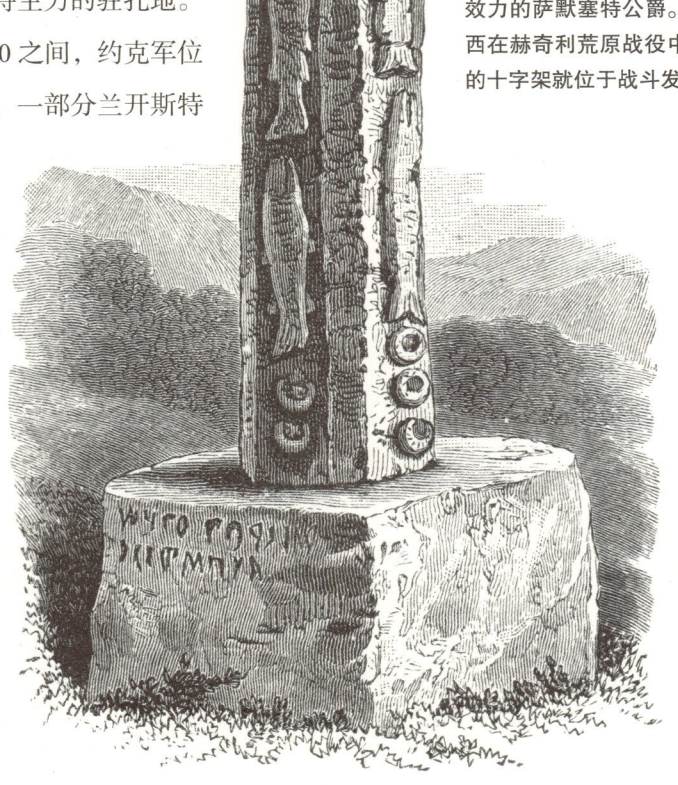

人物介绍

安茹的玛格丽特

安茹的玛格丽特出生于 1430 年。她出身于瓦卢瓦-安茹家族，与法国王室有血缘关系，并且对那不勒斯、西西里和耶路撒冷王位有继承权。尽管这个家族属于法国王室的旁系，也就是说出身自王室的次子而非长子，但玛格丽特的家族人脉甚广，这让她成为联姻备选名单中炙手可热的人选。

安茹的玛格丽特与亨利六世的联姻是第一代萨福克公爵（促成联姻时为伯爵）威廉·德·拉·波尔努力争取来的，其目的主要是缓解英格兰与法国之间的紧张局势。有关这桩婚事的谈判旷日持久且极其复杂，涉及英格兰割让土地给法国的事宜。这个消息传到英格兰让萨福克公爵非常不受欢迎，招致许多英格兰贵族的严厉批评——在他们看来，对付法国人只能用战争，不能用怀柔政策。

安茹的玛格丽特为人聪明，生来美丽，但她性格倔强，不屈不挠。她从来不在乎贵族之间那些鸡毛蒜皮的矛盾，而且也从不改变自己的严酷命令。不过有一点她和亨利六世十分契合，那就是热爱学问。亨利六世为人温和，偏听偏信，而安茹的玛格丽特坚强又果断，那么后者成为宫廷的主宰也就不足为奇了。1445 年 4 月 23 日，他们正式举行婚礼，5 月 28 日玛格丽特抵达伦敦参加隆重庆典。两天后她在威斯敏斯特大教堂加冕为英格兰王后，在此之后，她的影响力不断增加。随着萨福克公爵丧失权力并于 1450 年去世，玛格丽特逐渐走向宫廷政治的前沿，1453 年她诞下一子，这更巩固了她的地位。

安茹的玛格丽特是约克派的死敌，不论是在政治上，还是在后来的公开斗争中。约克公爵在亨利六世发病时担任护国公，玛格丽特就非常憎恨他；尽管她被安排照顾国王而成为边缘人物，她还是不停地密谋迫害约克派。1455 年的魔鬼议会，玛格丽特正是幕后的始作俑者，最后导致第一次圣奥尔本斯之战，反而让玛格

左图：集美貌与智慧于一身，同时又孤傲的安茹的玛格丽特和自己不幸的丈夫性格完全相反。她是支持兰开斯特派斗争的主力，尽管已经山穷水尽，被多次赶出英格兰，她还是坚持不懈。

左图：安茹的玛格丽特无论走到哪里都能找到支持者。即使是和自己的幼子陷入绝境，她还是能说服强盗和罪犯们帮助她逃跑，并继续斗争。

特还是下令处死他们。玛格丽特也有决断大事的能力：她将特威德河畔贝里克镇割给苏格兰人，来获得他们的支持抵抗约克派；苏格兰人没有买账，她干脆逃往法国，但是从未停止为自己的儿子争取王位。在法国宫廷，她和被约克派疏远的沃里克伯爵结盟。最终二人决定一同出征，夺取英格兰王位，但是于1471年被打败。

蒂克斯伯里之战中，安茹的玛格丽特被俘虏，但是受到礼遇，她一直受萨福克公爵夫人看管——公爵夫人是她1445年第一次来到英格兰时结识的最亲密的朋友之一。1475年法国国王出资将她赎回，并且提供庇护所让她养老，尽管为此她也放弃了安茹家族的产业以及父亲在海外的继承权。

1482年，安茹的玛格丽特去世，此时她的儿子和丈夫都已经离世很久了。在那个充满背叛和时局动荡的年代，她从来没有动摇，尽管这一坚持未必对自己最有利。不屈不挠，专横傲慢，她从不愿妥协也不参加调解，造成了宁为玉碎的困局，最终逼自己走向绝境，也害死了自己的丈夫和儿子。

丽特逐渐成为兰开斯特派的领导者。尽管她从未亲自指挥作战，但是许多战役正是她挑起的，尤其是怂恿丈夫发动战事。

亨利六世到底在多大程度上受妻子的影响已经无从考证。当然玛格丽特确实相当有能力，一直指挥兰开斯特派，而她的丈夫要么就是发病犯疯，要么就是被俘虏，要么就是在发病时被俘虏或者被俘虏时发病。而亨利六世似乎也难以拒绝自己妻子的意愿——1461年第二次圣奥尔本斯战役后，据说他曾为保护自己的骑士求情，但是狠毒的玛格丽

上图：即使不考虑疯病，亨利六世性格过于善良，不适合做国王。他缺乏那种执行自己意志的自信，中世纪的强人政治的世界根本没有他的位置。

这一战使兰开斯特派失去了所有的高级将领，导致亨利六世不得不再次上前线指挥军事行动，1465年在克利斯罗战役中，他再次被俘虏。于是他又成了约克派的阶下囚，但是并没有被处决。一个很可能的原因是，亨利六世未死，意味着兰开斯特派所有的复辟计划都要围绕他展开，同时也意味着策划者们不得不面临亨利六世的疯病和无能。同样的，即使真有成形的计划，那一切也在爱德华四世的控制之内，而不是由一个能自由争取支持的人实行这计划。

当然也有种可能是，比那个时代任何人都天性宽容的爱德华四世认为亨利六世对自己没有威胁。亨利六世生性善良，为人温和，更适合做学者或者牧师，却不适合做领导者，或许爱德华四世不到逼不得已，并不需要加害他。亨利六世做俘虏比做国王开心，更何况是内战中的国王。

亨利六世发病的原因似乎是精神压力过大或是听到糟糕的消息——这两者在那个时代层出不穷。作为囚徒，亨利六世失去了自由，也无法控制自己的命运，但是他有更多的时间阅读和祈祷，而且也不需要承担一个国王要面对的压力和负担。

下图：一身戎装的亨利六世看起来像一位军事领袖，但他并不合格。国王必须是榜样和指挥，做出大胆决定，并果断执行。

爱德华四世似乎成了玫瑰战争的胜利者。他的敌人被击溃，前任国王是他的阶下囚，英格兰也迎来了和平，但是，尘埃尚未落定。他最坚定的敌人安茹的玛格丽特依然没有被抓住，她依然坚持斗争，不断策划推翻爱德华四世的阴谋。昔日的联盟即将崩溃，一轮新的斗争即将展开。

第六章　爱德华四世的初次统治

爱德华四世的家徽

爱德华四世的早期统治受到兰开斯特派叛乱的巨大影响。尽管他一直尝试与自己的敌人和解，赢得他们的心，来巩固自己的统治，但爱德华四世意识到，如果国内斗争按照现在的情况继续的话，必然导致其中一方的灭亡。

到 15世纪60年代早期，约克派已经基本达到了这种程度：若是他们愿意，已经可以致另一派于死地。他们已经控制了英格兰的大部分地区，亨利六世做过一段时间他们的俘虏。军事上，兰开斯特派的军力只能算得上约克军的零头，最多能组织些小型偷袭和暴动。尽管英格兰国内兰开斯特派的支持者大有人在，但任何贵族若是还没有公开支持兰开斯特——还有许多曾经公开支持但现在臣服于爱德华四世——现在最好的选择是保持沉默，相机而动。

现在，爱德华四世唯一还活跃着的敌人就是安茹的玛格丽特和她的儿子威斯敏斯特的爱德华以及追随他们的死党。1460年的北安普顿战役中，安茹的玛格丽特侥幸逃脱，逃到了哈莱克，随后前往苏格兰，并在那里获得了支持。收买苏格兰人的办法，是割让特威德河畔贝里克一地给苏格兰国王。安茹的玛格丽特没有和军队一起征战，因此也错过了1460年12月的韦克菲尔德战役中兰开斯特军的大获全胜，此役约克公爵被杀。

爱德华四世年轻时便夺取了英格兰王位。高大英俊的爱德华四世，待人接物深得人爱戴，这也是他的优势。他的家徽同时带有英法两国王室的标志。

上图：1462 年，安茹的玛格丽特亲自随军从法国出发进攻英格兰。舰队遭到了风暴的袭击，导致她不得不返回贝里克。尽管如此，她还是利用所有可能的机会破坏爱德华四世的统治。

1461 年 2 月，第二次圣奥尔本斯战时，她才与兰开斯特军一起在前线，还下令处死了所有约克派的俘虏。而同年 3 月，陶顿战役中兰开斯特军惨败之后，安茹的玛格丽特与儿子和丈夫一起再一次流亡苏格兰。

这时，兰开斯特派的事业并未消失。若是能看到成功的机会，很多人会拿起武器参加到兰开斯特派的斗争中来，但是当大家看到约克派平息叛乱，多次粉碎了兰开斯特派从苏格兰组织的军事行动后，所有人都意识到，这时的兰开斯特派大势已去。接下来兰开斯特派发动的一系列进攻，也都悉数失败。1461 年 10 月，安茹的玛格丽特从法国人那里得到支持，进攻诺森伯兰，但是舰队遇到恶劣天气，她本人也险些丧命。

1463 年 8 月，安茹的玛格丽特再也无法待在英格兰了。小股兰开斯特军还在行动，不过没有取得什么成果，而她自己则无数次陷入险境。经历过几次令人胆战心惊的脱险后，她决定逃往法国，和自己的儿子躲避在父亲安茹的勒内的宫廷中。这让她暂时躲避了斗争，而此时正是兰开斯特派最为虚弱之时。

若是爱德华四世决定此时痛下杀手，利用兰开斯特派虚弱之时剿灭他们，或许成功的机会很大；但是，这将会带来新的问题。贵族们会对一位清剿异己的国王心有余悸：若是国王的权力没有限制，那么自己有朝一日失宠，无论因为什么，都难以自保。或许爱德华四世也的确相信，自己的仁政能够弥补给英格兰带来分裂的创伤，所以他给予任何需要的人尽量的仁慈。

于是，就出现了 15 世纪 60 年代初期至中期，约克派不断巩固自己在英格兰的统治，但是兰开斯特派也没有被完全消灭的局面。沃里克伯爵理查·内维尔以及他的兄弟蒙塔古侯爵约翰·内维尔，是恢复王国秩序的有力执行者，以防止兰开斯特派死灰复燃。他们二人辅佐年轻的爱德华四世，意味着内维尔家族控制了整个英格兰。

爱德华四世在王国内推行了一系列改革，履行了行政和政治的一系列重要职能；同时内维尔兄弟帮助国王在军事上取得了一系列胜利。对于国王而言，军事上的胜利必不可少，这可以让人民恢复信心，看到国家恢复稳定的希望。爱德华四世也亲自参加了其中几场战争，但是在赫克瑟姆战役发生时，他正忙于王国事务——这一战基本结束了兰开斯特派对爱德华四世统

左图：多年的内战后，想要恢复稳定需要国王多多亲力亲为，因此爱德华四世除了一些他必须管理的王国事务外，一直坚持战斗在前线。

治的威胁。这或许也是结束斗争最好的方式。年轻的国王已经参加了太多战事,人们已经见识到了他的勇气和作战能力,这点已经毋庸置疑,因此也没有必要让国王冒死参战,尤其是在其他有能力的将领可以率领军队时——爱德华四世若是在战场上遭遇不幸,那么所有恢复和平的努力全都会毁于一旦;同时,爱德华四世需要履行的职责也是内维尔兄弟不可能做到的——毕竟国王只有一个。必须时刻让英格兰记住这一点,要知道很多有野心的贵族清楚亨利六世还活着,随时计划着新的阴谋。

与沃里克伯爵不睦

如果沃里克伯爵能恪尽职守,完成军事将领该完成的任务,而不是插手其他事务的话,历史将会是完全不同的走向,但是,沃里克伯爵有着自己的计划,其中一项就是独揽英格兰的外交大权。沃里克伯爵寻求与法国改善关系,并秘密计划爱德华四世和法国国王路易十一世女儿安妮公

右图:沃里克伯爵认为应该与法国结盟,而巩固联盟的方式之一就是爱德华四世和法兰西的安妮的婚事。爱德华四世后来偏离了这个计划,是造成君臣关系紧张的主要原因之一。

主的婚事。尽管安妮此时尚且年幼,但是依然是非常理想的选择,她与英格兰国王的结合将是强强联手,法国也将不再支持兰开斯特派。沃里克伯爵对于这桩婚事非常热衷,对于爱德华四世而

第六章 爱德华四世的初次统治　131

上图：伊丽莎白·伍德维尔是在替自己的孩子们陈情时认识爱德华四世的。政治上，爱德华四世并不能从这桩婚事上得到什么好处，倒是伍德维尔家族受益匪浅。

言这是不臣之举，毕竟没有国王的允许，任何贵族不能替国王决定婚事。

然而，沃里克伯爵自觉位高权重，只要自己愿意那有何不可，这也包括外交政策和国王婚事在内。他这样傲慢的举动造成了与爱德华四世的纷争，何况爱德华四世也有自己的计划：国王希望与长期和法国国王不睦的勃艮第结盟。爱德华四世计划疏远法国，并且在越来越多的事务上，不再听从内维尔兄弟的建议，而是坚持自己的看法。

与内维尔兄弟意见最不相同的，就是婚事问题。爱德华四世秘密地寻求与理查·伍德维尔之女伊丽莎白·伍德维尔结合。理查·伍德维尔

伊丽莎白·伍德维尔来自一个以美貌著称的家族，她则是这个家族中最漂亮的女性。这个巨大的家族开始在爱德华四世的宫廷中担任要职，惹来不少失宠者的嫉妒。

第六章 爱德华四世的初次统治 133

曾是坚定的兰开斯特派，1448年他被亨利六世晋升为男爵。作为里弗斯男爵，他一直为亨利六世征战，1459年在桑威治抵御沃里克伯爵时被约克派俘虏。男爵决定跟随爱德华四世，开始为爱德华四世效力。虽然是昔日的敌人，沃里克伯爵可能对里弗斯男爵没有什么敌意，但爱德华四世与男爵之女伊丽莎白于1464年5月1日秘密结婚时，无异于与沃里克伯爵决裂。毕竟沃里克伯爵曾向法国国王承诺，一定缔结英法两国王室的婚约，秘密结婚的爱德华四世自然让这一计划泡汤了。

有人认为爱德华四世是为了向兰开斯特派及其盟友们示好，才娶了该阵营一位有地位的领袖之女——里弗斯男爵曾经是坚定的兰开斯特领袖，然而这种说法站不住脚。伊丽莎白·伍德维尔和她的家庭既无权势又不富有，而且里弗斯男爵在兰开斯特派中影响力不大。最大的可能是，爱德华四世确实是因为爱情才与伊丽莎白走在一起。这桩婚姻一直保密，直到1465年5月伊丽莎白才加冕为王后。在这期间内维尔已经在赫克瑟姆战役中基本消灭了兰开斯特派，很快，亨利六世也被抓住并囚禁。

1465年，伊丽莎白·伍德维尔诞下一女，同样取名为伊丽莎白。爱德华四世的母亲塞西莉·内维尔对这桩婚事很不满意，尤其是孩子的名字又让她感到不快。作为约克公爵理查的

左图：爱德华四世的母亲塞西莉·内维尔对自己的儿媳非常不满，而她的孙女又没有取自己的名字让她更加恼火。爱德华四世的婚姻让母亲的地位下降，在宫廷中大大失去了影响力。

遗孀，同时又是国王的母亲，她是王国中最高贵的女性——直到儿子结婚。塞西莉本以为自己的孙女必然要叫自己的名字以示尊敬，结果却取了儿媳妇的名字。因为这桩婚姻，伍德维尔家族迅速崛起。1466年里弗斯男爵被任命为财务大臣，不久后被提升为伯爵。其他的家庭成员也被委以重任，很快宫廷就被这个家族控制了。这惹恼了沃里克伯爵，要知道他一直厚待伊丽莎白·伍德维尔及其家族。

伍德维尔家族反对克拉伦斯公爵乔治迎娶沃里克伯爵之女。公爵是爱德华四世的弟弟，1462年被任命为爱尔兰总督。克拉伦斯公爵与沃里克伯爵过从甚密，而且比爱德华四世容易控制。实际上，当爱德华四世与沃里克伯爵之间的不睦加剧，克拉伦斯公爵站在了朋友而不是兄长一边。反对这桩婚事让沃里克伯爵和爱德华四世隔阂更

上图：克拉伦斯公爵乔治天生背信弃义。他为了得到王位背叛自己的兄长，但发现自己盟友想要推举亨利六世之后又背叛了盟友。

深，毕竟沃里克伯爵还曾经考虑让自己的女儿伊莎贝尔嫁给爱德华四世。伊丽莎白·伍德维尔的出现让这一切成为空想，沃里克伯爵于是想把女儿嫁给国王的弟弟，这时伍德维尔家族站出来极力反对这门婚事。1469年，婚礼还是秘密举行，地点在法国加莱，于是克拉伦斯公爵也成了沃里克伯爵计划的坚定支持者。

同时，沃里克伯爵和爱德华四世之间的矛盾不断加剧。不仅在宫廷，沃里克伯爵成为边缘人物，风光不再；1467年，国王更派他去法国和谈，简直就是要看他笑话。正在沃里克伯爵拼尽全力与法国国王会谈时——当然他还要向国王解释为何此前承诺的两国王室婚姻最后竹篮打水一场空——爱德华四世决定抛弃法国，与勃艮第结盟。

爱德华四世与勃艮第签订盟约，让沃里克伯爵在法国的和谈失去了意义，而且让他担上了佯装谈判的嫌疑。沃里克伯爵对于国王的种种举动心中有数，他离开了伦敦，前往自己的领地休养；1469年渡海前往加莱。在这里，克拉伦斯公爵和沃里克伯爵之女伊莎贝尔举行婚礼，而沃里克伯爵宣布发兵英格兰，夺回控制权。

沃里克伯爵入侵英格兰

离开英格兰前，沃里克伯爵也尽自己所能给爱德华四世制造麻烦。1469年4月，一场叛乱爆发，叛军领袖名叫"里兹代尔的罗宾"。这位罗宾的真实身份成为历史谜案：有记载说，他与英格兰北部康奈家族的两名成员在一起。当然他很有可能是个虚构的人物，目的是用英雄人物吸引尽可能多的支持者。无论哪种情况，罗宾并不是这场叛乱的始作俑者。

勃艮第公爵"大胆者"查理与法国国王一直起冲突；法国国王也曾支持安茹的玛格丽特对付爱德华四世。爱德华四世被沃里克伯爵废黜后，查理自然是绝佳的盟友之选。

人物介绍

克拉伦斯公爵乔治

乔治·金雀花生于1449年。他在约克公爵理查活着的儿子中排行第二，在哥哥爱德华四世的儿子降生之前，他也是王位的第一继承人。在哥哥加冕后不久，乔治成为克拉伦斯公爵，这让他有了与国王兄弟相符的身份和财富。

克拉伦斯公爵野心勃勃，为人背信弃义。他与沃里克伯爵结盟，策划杀死自己的兄长爱德华四世。爱德华四世那时正忙着平定林肯郡的叛乱，他和沃里克伯爵串通好，明面上带领军队辅助国王平叛，实际上是要刺杀爱德华四世。这个狠毒的计划还包括杀掉所有在场的证人；普通人闲言碎语不为惧，但是目睹这二人暴行的贵族必须铲除。

结果阴谋大白于天下，克拉伦斯公爵和沃里克伯爵不得不逃跑，但是很快他们又联手回到英格兰，废黜了爱德华四世。二人此时发生了分歧：克拉伦斯公爵想自己登上王位，而沃里克伯爵的目的是解救亨利六世做傀儡，然后在背后主政。

最终二人达成协议，克拉伦斯公爵作为亨利六世的继承者，这场争执才告一段落。

左图：伍德维尔家族坚决反对伊莎贝尔·内维尔与克拉伦斯公爵乔治的亲事。1469年，二人秘密结婚。那时任何指责都无关紧要，因为克拉伦斯公爵正在计划加紧谋害自己的兄长。

当爱德华四世回到英格兰时,克拉伦斯公爵再次变卦,站在了自己的兄长一边。这或许只是单纯为了自保,但事实是克拉伦斯公爵在沃里克伯爵倒台时也捞到了不少好处。

娶沃里克伯爵的女儿意味着克拉伦斯公爵能够继承岳父的财产和爵位,但是1474年事情发生了变化,克拉伦斯公爵与自己的弟弟格洛斯特公爵理查发生激烈冲突。起因是格洛斯特计划迎娶沃里克伯爵的小女儿,这样一来他便有权继承沃里克伯爵的财产。克拉伦斯公爵坚决反对这桩婚事,其至不惜采取极端手段,以至于爱德华四世不得不出手制止。

1476年,克拉伦斯公爵的妻子伊莎贝尔·内维尔去世。克拉伦斯公爵坚决认定是妻子的侍女下毒杀害了她,利用自己的权力将那名侍女定罪并处决。这仅仅是克拉伦斯公爵滥用权力的一个例子,人们不得不怀疑他会不会再次篡位。毕竟他曾经计划过谋杀兄长夺取王位,没有理由不能再做一次。

克拉伦斯公爵希望迎娶勃艮第女公爵玛丽——几年前曾有人提议这门亲事。这种想法被爱德华四世一票否决,不久后克拉伦斯公爵告假回到自己的领地。于是他开始招兵买马,寻找支持者扩充队伍,准备起兵造反。而国王忍无可忍,亲自下令,以密谋叛国罪审判乔治。这项罪名恰是任何国王都极端敏感的,尤其是自己的兄弟犯下如此罪过更是不可饶恕。1478年1月克拉伦斯公爵正式被定罪,他被剥夺所有财产和权力。传说,作为国王的弟弟,他有权选择自己被处决的方式。乔治选择了在马姆奇甜酒桶里被淹死,这或许是受辱受苦最少的死法吧。

右图:虽然第一次谋害国王逃过了惩罚,1478年克拉伦斯公爵最终被判死刑。广为流传的说法是,他选择了处决自己的方式——淹死在马姆奇甜酒桶中。其他可能的死因在历史中没有记载。

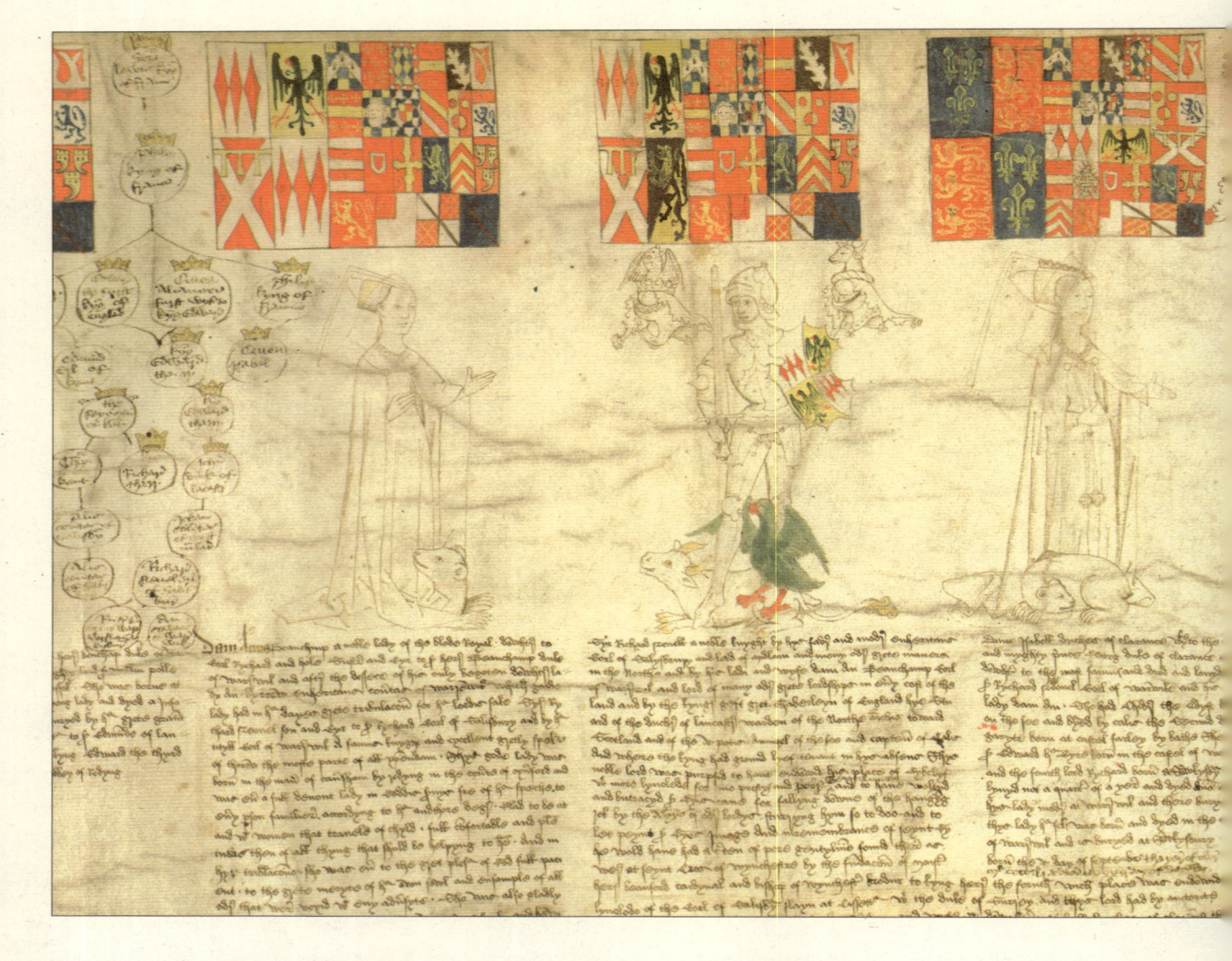

这场叛乱的幕后主谋正是沃里克伯爵，因此叛军要求国王削弱伍德维尔家族的权力。叛军的公告书也是类似的主题——他们声称叛乱的目的就是清君侧，恢复良性统治。叛军的宣言也暗示了这种情况继续下去可能出现的糟糕后果，前任的国王就是被腐败的宠臣蒙蔽，而最后倒台的。这群叛军可不是手无寸铁的农民武装；领导叛军的有几位来自内维尔家族，尽管沃里克伯爵的兄弟——诺森伯兰伯爵、蒙塔古侯爵——约翰·内维尔似乎站在爱德华四世一边。事实是约翰·内维尔镇压了另外一场叛乱，这次的领袖自称名叫"霍尔德内斯的罗宾"，真名为"罗伯特·希尔雅德"。这是另一个罗宾领导的另一次叛乱，目的是要求恢复的珀西家族权力，和沃里克伯爵指使的叛乱正好相反，所以蒙塔古侯爵作为内维尔家族的成员去镇压这次叛乱也就不足为奇了；同时为了保有自己诺森伯兰伯爵的头衔，他也乐于平叛。值得注意的是，蒙塔古侯爵打败了"霍尔左图：劳斯古卷记录了沃里克伯爵及其家族的纹章及事迹。1483 年由约翰·劳斯制作，有拉丁语和英语两个版本。

在了约克派一边。彭布罗克伯国本属于贾斯珀·都铎，贾斯珀是欧文·都铎和瓦卢瓦的凯瑟琳所生的次子，和亨利六世为同母异父的兄弟，故属于兰开斯特派。约克军在赫伯特的率领下与贾斯珀·都铎征战：赫伯特对爱德华四世忠心耿耿，兰开斯特派多次试图收买他，他却不为所动。作为嘉奖，爱德华四世封他为彭布罗克伯爵，同时还担任其他一些重要职务。1468 年，赫伯特包围了哈勒赫城堡，被困的正是前彭布罗克伯爵贾斯珀·都铎；都铎没有出路，只好投降。此战赫伯特俘虏了一位年轻人，而他正是未来的英格兰国王亨利七世。尽管赫伯特之女和亨利的婚事最终没有成功，但在未来的一段时间里，彭布罗克伯爵都负责看守这位未来的国王。

彭布罗克伯爵一直反对沃里克伯爵，他怀疑沃里克伯爵暗中与安茹的玛格丽特有往来，但是可能并不知道英格兰北部的叛乱也是受沃里克伯爵指使。可以确定的史实是叛军公开支持亨利六世，并挥师南下。彭布罗克伯爵集结部队，领军北上与国王会合。

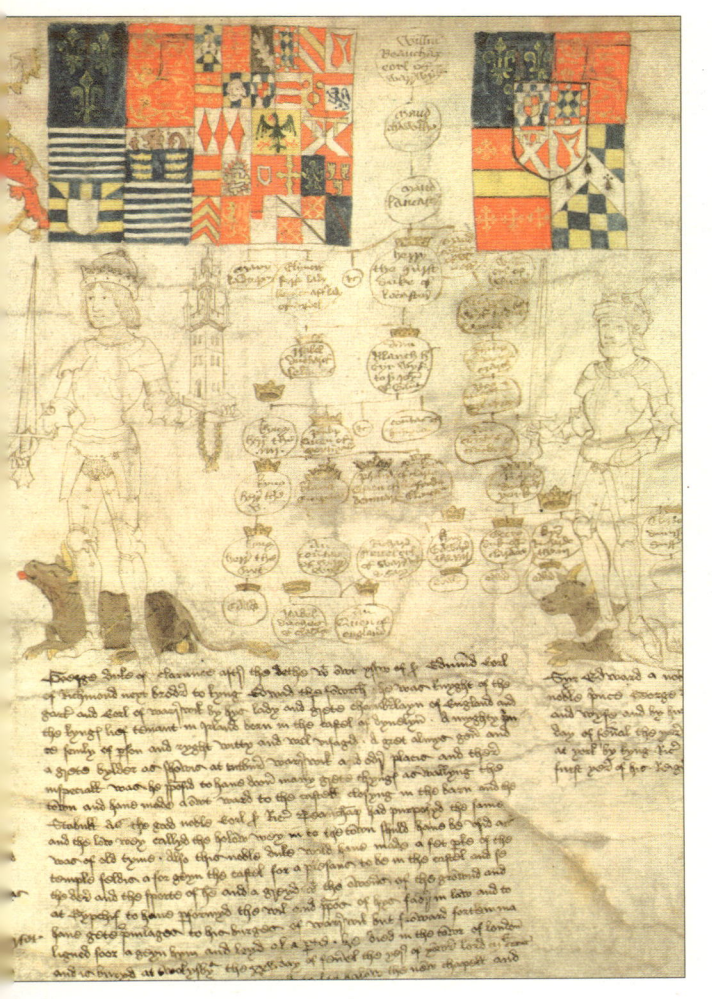

德内斯的罗宾"领导的支持珀西家族的叛乱，并杀死了这个罗宾，但对"里兹代尔的罗宾"领导的那场规模更大的叛乱却置之不理。

这年 7 月，爱德华四世亲自带兵向诺丁汉进发，对叛军采取行动。他随身只带了人数不多的卫队，而其余的大军正在从全国各地赶来，其中一支军队由彭布罗克伯爵威廉·赫伯特——一位赫赫有名的猛将率领。亨利六世在位时，彭布罗克伯爵曾经远征法国；英格兰发生内战时，他站

米德尔赫姆城堡是内维尔家族的重要领地。格洛斯特的理查（理查三世）和克拉伦斯的乔治都曾生活在这里，爱德华四世也在这里被囚禁过一段时间。

第六章 爱德华四世的初次统治 141

上图：彭布罗克伯爵威廉·赫伯特（这里与国王爱德华四世在一起）是一位功勋卓著的将领。1468年他攻打哈勒赫城堡，俘虏了贾斯珀·都铎和其侄子亨利（后来的亨利七世）。1469年，他被兰开斯特叛军击败后处死。

趁着爱德华四世在诺丁汉，沃里克伯爵带领加莱的军队从肯特登陆。与当地支持沃里克伯爵的肯特军会合后，大军进发伦敦，没有遇到任何抵抗便占领了首都。这时候，爱德华四世的援军被叛军切断，他只好撤到北安普顿，希望在那里和支持自己的军队会合，但这个计划没有成功。7月25日，彭布罗克伯爵手下以长矛手为主的军队，与德文郡伯爵率领的以弓箭手为主的军队成功会师。这支大约7000人的军队，可以解决爱德华四世的燃眉之急，但是彭布罗克伯爵与德文郡伯爵发生了激烈争吵，最后德文郡伯爵一气之下带兵走人，只剩下彭布罗克伯爵孤军作战。

叛军向彭布罗克伯爵下战书，要求在埃奇科特荒原决战。彭布罗克伯爵没有等待德文郡伯爵回来便直接出战：结果在叛军弓箭手的猛烈进攻中，彭布罗克伯爵损失惨重，但终于还是能冲到敌方阵地，面对面交锋。这场战斗异常激烈，彭布罗克伯爵的兄弟理查，手执战斧，两次突破敌军防线，又两度被挡了回来。正在双方胶着之际，沃里克伯爵的先锋部队赶到，一时间胜负已定——彭布罗克伯爵率领的军队毫无胜算。他和理查被擒获，双双于7月27日被斩首。爱德华四世率领一小股精兵赶来营救，但为时已晚，回天乏术了。

爱德华四世已经下令伍德维尔家族的大臣们不再随军出征。有人向他建议，这些人在军中严重影响士气。埃奇科特荒原战役中沃里克伯爵和叛军大胜，造成爱德华四世的支持者们开始动摇逃跑，剩下的将士根本不够保护国王。最终国王爱德华四世被俘，并被带到了沃里克伯爵面前。历史上对这次会面没有留下详细记录，唯一知道的是爱德华四世不会被处决或废黜。他将继续担任国王，但是必须满足沃里克伯爵提出的一系列条件。成为囚徒的爱德华四世先是被囚禁在沃里克，后来又转到考文垂，最终到达米德尔赫姆城堡。在这一段时间里，沃里克伯爵实际上囚禁并控制了两位英格兰国王，他利用这一段时间扩充实力，消灭敌对势力。

沃里克伯爵的盛衰荣辱

消灭了对手伍德维尔家族后，沃里克伯爵的权力在此时达到了巅峰。1468年，里弗斯伯爵理查·伍德维尔的多处地产被沃里克伯爵指使的叛军洗劫。埃奇科特荒原战役后，理查·伍德维尔和其子约翰已在切普斯托城堡内被捕，不久后一同在凯尼尔沃思被处死。二人并没有经历任何审判和定罪的过程，沃里克伯爵只是下令将两人直接处死。德文郡伯爵汉弗莱·斯塔福德也被处死，不过下令的是爱德华四世，而不是沃里克伯爵。德文郡伯爵要为埃奇科特荒原战役的惨败负责，这也并非没有道理——他的7000名弓箭手会改变那场战斗的结局。1469年8月17日，他在萨默塞特被逮捕，并立即被处决。

在保证自己的权力无法动摇之后，沃里克伯爵恢复了爱德华四世的自由，让他重新担任国王。或许沃里克伯爵发现国不可一日无君，没有国王很多政令难以执行，所以才没有废黜爱德华四世。他唯一的选择是控制国王，挟天子以令诸侯。过去的经验证明，这一计划完全可行——在伍德维尔家族在宫廷中得到很大权力之前，沃里克伯爵就是这样控制国王的；现在沃里克伯爵要做的，就是严密监视国王，不再重蹈覆辙，他沃里克伯爵就依然可以通过爱德华四世统治英格兰。

结果是，沃里克伯爵没能完全监视住爱德华四世。爱德华四世逐渐恢复了对王国的控制，15世纪70年代初已经处于上风。表面上国王与沃里克伯爵及爱德华四世的弟弟克拉伦斯公爵之间的关系不错，实际上二人已经多次策划谋害爱德华四世。沃里克伯爵最后决定，既然不能彻底控制爱德华四世，干脆用克拉伦斯公爵代替他。这当然意味着首先要废黜爱德华四世。一次机会突然出现——或许是有意为之——爱德华四世率领一支军队前往林肯郡平叛，罗伯特·威尔斯男爵在那里发动了叛乱。威尔斯或许早已和沃里克伯爵串通好，在他被俘后，承认了与沃里克伯爵的阴谋，并且提供了拥有的大量秘密文件。威尔斯叛乱的理由是对林肯郡的约克派长官不满，他曾向国王申诉但没有得到答复；同时他还声称，爱德华四世迫害以前归顺的叛军，而这些叛军是国王本人在埃奇科特荒原战役后亲自赦免的。不管这些说法是否属实，威尔斯确实煽动了不少人叛乱，并起兵攻击盖恩斯伯勒。

下图：里弗斯伯爵（正把自己制作的手绘本呈给爱德华四世）在爱德华四世稳坐王位时风光无限，但是国王被囚禁后自身难保，而他不经审判即被处死。

人物介绍

威尔士亲王——威斯敏斯特的爱德华

威斯敏斯特的爱德华，又称兰开斯特的爱德华，生于1453年10月13日。他是安茹的玛格丽特和亨利六世的独生子。他的出生终结了约克公爵对王位的继承权。

爱德华成长在动荡冲突的年代里，王位的潜在继承者会被预防性处决。处决本来是刑事处罚，但慢慢也成为政治手段的一种，这样看来爱德华钟爱处决自己的敌人也就不足为奇了。他的母亲报复心很强，而爱德华的童年则生活在各种危险与阴谋中。

1460—1461年，兰开斯特派占了上风。爱德华及其母亲是见证者，亨利六世被从约克派的囚禁中解救出来，但是，最终兰开斯特派惨败。于是他不得不随母亲流亡法国。尽管我们不清楚安茹的玛格丽特怎样对爱德华描述他的父亲亨利六世，但是爱德华对自己的父亲印象不佳。他许多悲惨的境地——被迫流亡而不是过着王位继承人应有的荣华富贵的生活——要归咎于父亲在战场上不断失利并数次被俘。

在流亡生活中，爱德华逐渐成长为一个专横、锱铢必较的人，他认为自己当国王理所应当。他随母亲以及盟友沃里克伯爵一起，最后一次远征争夺英格兰王位。1471年4月14日，在巴内特战役中沃里克伯爵大败，并殁于此役；爱德华和母亲率领残部与爱德华四世及其胞弟克拉伦斯公爵率领的约克军决一死战。

1471年5月4日，与国王的军队交手后，爱德华毫无悬念地败北。有关爱德华的死法众说纷纭：一些资料记载，他被带到了爱德华四世面前，后者质问他为何发兵英格兰。威斯敏斯特的爱德华桀骜不驯，坚持自己才是英格兰王位的合法继承人。这时爱德华四世一声令下，他的卫队便冲上去将其杀死。故事还有另外一个版本：爱德华被克拉伦斯公爵俘虏。这位不久前还和他一起反对爱德华四世的盟友，非法秘密对他进行了审判，并立即行刑将爱德华斩首。如果这个版本是真实的，那么对于威斯敏斯特的爱德华而言或许是意料之中的事，因为砍头是这位年轻人最喜爱谈论的话题。

上图：威斯敏斯特的爱德华的性格或许受环境影响所致。他的母亲尽可能教育他不像父亲亨利六世那样懦弱无能，最终她确实塑造了一个和自己性格更接近的王位继承人。

第六章　爱德华四世的初次统治　145

爱德华四世使用的圆底船。这些舰船更适合运送货物和军队，算不上是战舰。那个时代的海战主要以弓箭互射和接舷夺舰为主。

沃里克伯爵和法国国王路易十一世关系良好，两人在沃里克伯爵曾经为爱德华四世谈判王室联姻时有过接触。联姻计划失败后，路易十一世决定支持沃里克伯爵，废黜爱德华四世。

爱德华四世立即召见罗伯特·威尔斯的父亲和叔叔，询问叛乱的原因。两人都被国王赦免，但是被作为人质暂时扣押，爱德华四世则立即着手平叛。这时沃里克伯爵和克拉伦斯公爵告知国王，他们将召集军队勤王。他们似乎想在与爱德华四世一起平叛时，伺机攻击国王。不过由于事件发展得太快，计划没有成功。爱德华四世首先要求罗伯特·威尔斯和叛军投降，遭到拒绝后他下令处死了威尔斯的父亲和叔叔。1470年3月12日，爱德华四世的军队剿灭了叛军。这场战斗没有持续多久，叛军根本挡不住国王军队的冲锋，所有的叛军领袖被抓获。

威尔斯承认自己和沃里克伯爵串通后，随即被处决。沃里克伯爵和克拉伦斯公爵闻讯后逃离英格兰。他们到达法国，并请求法国帮助，夺回对英格兰的控制。克拉伦斯公爵依然相信，沃里克伯爵成功废黜爱德华四世后，一定会让他当上英格兰的国王。尽管按照上一次的计划的确如此，但是沃里克伯爵的计划总在改变。

沃里克伯爵的流亡和归国

沃里克伯爵在法国国王路易十一世的宫廷里找到了庇护。法国向来与英格兰不睦，因此给爱德华四世找麻烦正符合路易十一世的意思。宫廷中还有一个令人意外的人——安茹的玛格丽特支持沃里克伯爵。她与约克派水火不容，而沃里克伯爵是约克派的核心领袖，但是这时相同的目的——除掉爱德华四世却让二人走到一起。

安茹的玛格丽特从未有一刻放弃让自己的儿子威斯敏斯特的爱德华登上英格兰王位。她第一次尝试重返英格兰几乎没有达到任何目的，还险些丧了命。从1463年起，她专心培养爱德华，让他不错过下次机会。爱德华的确变成了傲慢、让人恐惧的年轻人，他从来以国王的身份自居，并对砍头极其着迷。他简直就是其母亲的翻版：安茹的玛格丽特性格专横傲慢，强硬地领导兰开斯特阵营多年。这母子二人为返回英格兰做好了准备，不管以亨利六世还是威斯敏斯特的爱德华的名义，他们都要重返宝座。

亨利六世的儿子及继承者威斯敏斯特的爱德华与沃里克伯爵的女儿安妮·内维尔结婚。这是路易十一世、安茹的玛格丽特以及沃里克伯爵三人达成协议的标志。法国将帮助亨利六世和他的兰开斯特派登上王位，沃里克伯爵借着王权将掌握极大权力；作为回报，英格兰国王将在法兰西国王与勃艮第之间的争斗中支持前者。因为勃艮第是爱德华四世及约克阵营的盟友，沃里克伯爵也真心厌恶与这个盟友的关系，那么这些目标对于所有参与者都有好处。

上图：玫瑰战争后期，两派阵营之间的分野已经不再清晰。兰开斯特派的实际领袖安茹的玛格丽特和约克派的老对手沃里克伯爵结盟。

　　在其他流亡的兰开斯特派领主的支持下，沃里克伯爵和克拉伦斯公爵最终在达特茅斯登陆英格兰，并朝伦敦方向进军。爱德华四世对此毫无准备，孤立无援的国王只能选择出逃，他躲在了勃艮第的宫廷中。爱德华四世的妹夫"大胆者"查理是勃艮第公爵，他非常欢迎爱德华四世，却暂时没有给爱德华四世任何军事援助。

　　沃里克伯爵登陆英格兰时，安茹的玛格丽特和她的儿子并没有随行，而是留在了法国一段时间。1470年9月，亨利六世在沃里克伯爵的主持下重获自由，开始继续担任国王。这让克拉伦斯公爵非常不满，他本以为沃里克伯爵回朝之日，就是他自己位登大宝之时。结果他遭到排挤，成了边缘人物，而作为被废黜国王的弟弟、斗败的约克派领袖之一，同时又是权力核心的多余人物，他的处境十分危险。

攻占英格兰之后，沃里克伯爵释放了亨利六世。爱德华四世在位时他不能为所欲为，现在懦弱的国王上台，他成功实现了自己控制英格兰的计划。

背景知识

处决的方法

处决是中世纪对许多重大罪行的惩罚，很多情况下也是一种政治手段。一处地产或王冠的潜在继承者可能会带来一定的威胁，所以无情但又深谋远虑的做法，是消灭这些潜在的危险——若是这样的机会出现。贵族也可能因为其他政治原因被处决，比如因为某条约而做人质，但是条约破裂。

有些时候，处决只是一种随机应变的决定。比如 1415 年阿金库尔战役中，大量法军被俘虏，俘虏数目甚至超过了英军。结果，当战局发生对英军不利的转变时，所有除了高级军官（更有价值）之外的俘虏都被处决，这是为了防止他们再次拿起武器加入战斗。没想到战局再次扭转，处决命令被取消，但是此时已经有不少人丧了命。此种处决行动往往比较匆忙，使用的方式也较随机，只要能使受害者死亡，随便什么武器都可以使用，如用匕首扎、宝剑砍，全凭其临场发挥。有些受害者可能会慢慢死去或者在行刑者有时间检查的时候被最后结果。

有计划的处决和战场上的随机处决不同，往往采用特别的方式。有一些处决方式比较搞怪，要的是惊悚的效果比如活煮。若是水或者油已经烧开，那么受害者死亡的速度还较快，但若是从冷锅开始慢慢烧开，那过程将相当漫长。其他的处决方法和可获得的工具有关或者取决于法庭的判决。

还有种处决方式是暗杀，这使被突然袭击的被俘虏者没有时间采取有效手段保护自己。在被俘虏之后，暗杀可能随时发生；不管狱卒们多么客气，命令来了他们还是会立即解决犯人。这种方式可以秘密消灭掉潜在的危险或负担。

左图：用斧子砍头算得上是最仁慈的处决方式了。还有种最常见的方式是绞刑：受害者在大庭广众下挣扎着慢慢死去，观众们还经常以此为乐。

第六章　爱德华四世的初次统治　151

左图：一位著名的叛乱者被处死后，被肢解的身体可能送到各地展览，向所有人宣布该人已死。这应该会威慑那些存有异心挑战统治者的其他人。

更常见的是，伴随处决要举行盛大的仪式。一位贵族，哪怕是因为叛国罪或输掉了战争，也需要讲究礼仪和尊敬。这当然有助于维持社会等级秩序，因此即使是死敌被处决时，也要正式且有礼节。对于贵族，最常见的处决方式是用剑砍头。行刑者的剑重量较大且剑锋并不十分锐利，因此并不是在战场上使用的武器。双手挥动这种重剑，脖子会瞬间切断，死者痛苦较少，因此可以看作非常仁慈的处决手段。对于非贵族，最常用的处决方式是斧子。对于某些认为自己配得上钝剑砍头的人而言，用斧子处决他们是种侮辱。

最为常见的处决方式是绞刑。痛苦较少的断颈套是后代才有的发明，大约出现在 16 世纪。玫瑰战争时期的吊死意味着被绳子勒着，在绞刑架上挣扎抽搐，慢慢死去。若是犯有叛国罪，那更残酷的绞刑也会使用，其中加入了许多残酷的折磨，比如剜除内脏或者阉割，时间可能在绞刑前，也可能在被害者将死之前。有时候，被剜除的器官还会被丢进火里或在受害者未被绞死前扔进火中。肢解即将受害者的肢体切除，送到各地展览，来警醒他人，一般在死后执行，也可作为处决的办法。

面对处决的贵族，还要安排他的身后事。若是其走投无路只有一死，往往他的家人不会被连坐，也不会因他失去继承权。贵族们一般会选择砍头，相比于那个时代其他令人不安的方法而言，砍头是最快且痛苦最少的。

玫瑰战争

第七章　亨利六世和爱德华四世的第二次主政

被迫逃离英格兰的爱德华四世，于1470年9月抵达荷兰，并最终躲避在勃艮第公爵"大胆者"查理的宫廷。"大胆者"查理一直与法国国王不睦，是爱德华四世对付路易十一世的理想伙伴。

勃艮第公爵"大胆者"查理开始并未打算帮助爱德华四世夺取英格兰王位，其中很重要的原因是勃艮第公爵有自己的担忧。1468年的《佩罗讷条约》让他与法国国王维持了一年的和平，但是勃艮第与法国的斗争战火重燃，查理没有资源再进行远征。

"大胆者"查理的目标是创立自己独立的王国。他利用各种手段，比如购买和签订合约，为勃艮第带来了许多土地。勃艮第兵多将广，按当时的标准纪律也非常严明，但是，他的对手法国国王也相当强大，查理不能做任何削弱自己实力的事——除非有极好的理由。亨利六世重新统治英格兰，对可能带来的后果，查理有自己的考虑。在法国人脉甚广的安茹的玛格丽特或者其子威斯敏斯特的爱德华统治英格兰，必然意味着法英联盟，将共同对付勃艮第。

若是爱德华四世在位，勃艮第与英格兰维持较好的关系比兰开斯特派国王容易得多。"大胆者"查理的妻子是爱德华四世的妹妹约克的玛格

家徽包含着能表明其拥有者血统渊源的元素，这些元素可以使用在私人纹章中。爱德华四世的纹章中包含了英法两国王室的标志，表明他的血统来自两国王室。

丽特，若是出手相助爱德华四世，那将会为未来的良好关系奠定基础。

最终，"大胆者"查理同意支持爱德华四世，提供资金和军队。查理本来就使用了很多来自英格兰的雇佣兵——他的军队中有来自各地能征善战的士兵，尤其是英格兰和意大利——于是爱德华四世很快召集了一支精锐部队，返回英格兰。

上图：1465年签署的《孔弗朗条约》，让勃艮第获得了许多法国的土地。尽管几个月后战争再次爆发，法国又重新夺回来许多位于诺曼底的领土。

同时又传来另外一条好消息：1470年9月，爱德华四世的妻子伊丽莎白·伍德维尔在连生三女之后终于生了男孩。爱德华四世给儿子同样取名为爱德华，意思是让他做自己的王位继承人。这

第七章　亨利六世和爱德华四世的第二次主政　155

勃艮第公爵查理与约克的玛格丽特的婚姻将勃艮第与英格兰联系在一起。不少人反对这桩婚事，其中包括法国国王，他认为两人的结合是巨大的威胁。

个小爱德华可以算得上是历史上当国王时间最短的人了——他根本没能到达伦敦加冕，更别说行使国王的权力了——被废黜后他被囚禁在伦敦塔里。当然这是后话，1470年末诞生的这个小男孩，对爱德华四世而言是吉兆；1471年3月他登陆英格兰，准备夺回王位。

此时执政的亨利六世不过是沃里克伯爵的傀儡。安茹的玛格丽特此时依然在法国，懦弱又偏听偏信的亨利六世，让沃里克伯爵为所欲为。对这样的局面，沃里克伯爵自然开心，但是克拉伦斯公爵乔治非常不满——他本以为自己能坐上王位。克拉伦斯公爵开始和自己的兄长爱德华四世和解，哥哥回到英格兰，他将出手相助。

爱德华四世回到英格兰

1471年3月14日，爱德华四世和他的支持者在赫尔附近约克郡海滩的雷文斯伯恩登陆；这里正是1399年亨利四世登陆的地方。他率军前往伦敦，发现该城没有设防。爱德华四世依然很受伦敦市民的欢迎，他很轻易地获得了那里的支持，为自己的队伍增加了不少人马。

4月14日复活节那一天，决定命运的大战开始了。沃里克伯爵的军队驻守在巴内特附近的高地上。第二天双方为大战做好了准备，但是爱德华四世趁着夜幕重新排兵布阵。他悄悄让部队前移，距离敌人更近，这可以让他在第二天早晨突然发起进攻，至少能确保沃里克伯爵不会趁着夜幕撤兵。

下图：爱德华四世写给布列塔尼公爵弗朗索瓦二世的信，希望能获得他的帮助。1460年，弗朗索瓦二世与勃艮第结盟共同对付法国国王，但是，最终他倾向于兰开斯特派。

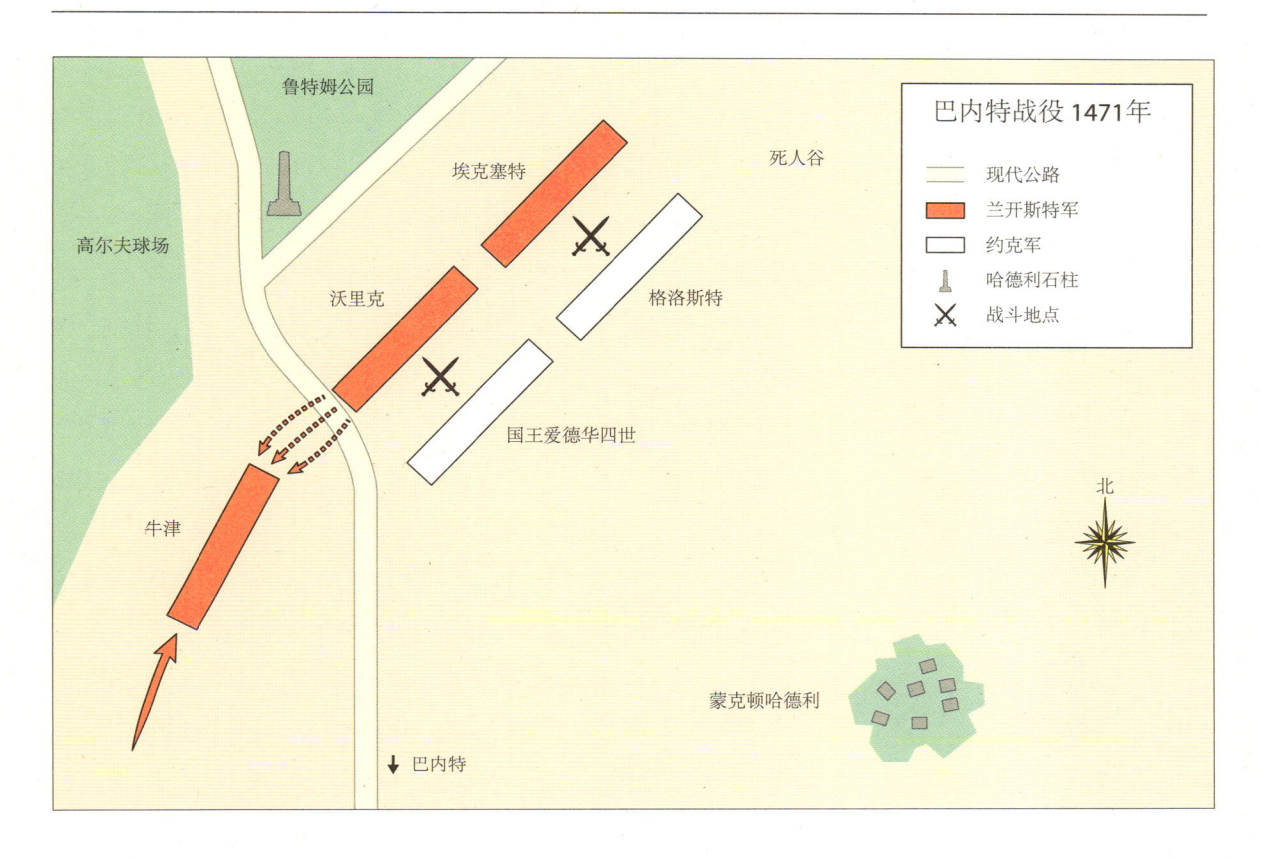

第七章　亨利六世和爱德华四世的第二次主政　157

上图：爱德华四世在巴内特的胜利要感谢牛津伯爵造成的乌龙事件。他急于追击，结果回到战场上被当作敌军，最终引发了兰开斯特军阵脚大乱。

沃里克伯爵绝无退兵之意。他在地形上占据有利位置，胜利的把握很大。他的火炮夜间朝着敌方阵营进行了猛烈的攻击，爱德华四世也回击了他。这时的火炮技术不是很先进，即使目标没有搞错，精度较差的火炮杀伤力也较为有限，而且填装非常费时，可靠性也很差。爱德华四世趁夜调动军队，让沃里克伯爵的火炮袭击没有起到作用。

变换部署是那时常有的事。双方各分为左、中、右三路，由军中的高阶贵族指挥。爱德华四世的左路军由黑斯廷斯领主威廉指挥，与他相对的兰开斯特军由牛津伯爵约翰·德·维尔和蒙塔古伯爵约翰·内维尔指挥。兰开斯特军人数众多，完全超过了黑斯廷斯军侧翼的长度。约克军的中路军由爱德华四世和他的弟弟克拉伦斯公爵指挥。爱德华四世把弟弟放在身边，可能是为了防止他叛变。表面上兄弟已经和解，但是爱德华四世依然不会在这样生死攸关的时候给克拉伦斯公爵可能的机会，他可不希望林肯郡的悲剧重演。爱德华四世指挥自己信任的主力，克拉伦斯公爵就没有任何机会做其他打算了，但是若是让克拉伦斯公爵指挥侧翼，那按照他的地位必然做那里的最高指挥官。与爱德华四世中路军相对的是沃里克伯爵指挥的兰开斯特军。一些历史资料记载这次战斗的指挥是萨默塞特公爵埃德蒙·博福特，沃里克伯爵则作为总指挥，或者只是与最左翼发生的战斗有关，这种说法有待考察。沃里克伯爵肯定在巴内特之战的战场上，而萨默塞特伯爵可能没有出现。约克军的右路军由格洛斯特公爵理查指挥，对面的兰开斯特军由埃克塞特公爵亨利·荷兰指挥。双方的对阵中，格洛斯特公爵负责的约克军右翼强于兰开斯特军左翼，但是另外一侧的情况正好相反。

领主的左路约克军，结果约克军不是对手，阵地迅速瓦解。左路约克军大量逃跑，而牛津伯爵率兵直追。这造成了不可预料的结果，尽管在此时对约克军似乎局势不妙。在大多数古代和中世纪的战争中，阵线解体的一方往往有更多伤亡。均匀缓速地压住敌人推进，一般彼此伤亡较小，但是追击敌人基本上等于屠杀。没有组织的追击并不总是错误的决定，这样可以确定被击败的一方完全被打散，不能很快恢复战斗力，但是，这样做最大的弱点，就是追击的一方必须离开战场。

从历史角度看，战场上局部的胜利可能反而会造成整体的失利。等到指挥官率领军队重新回到战场，他们的离开可能已经给敌人制造了机会，至少战场上的布阵有可能已经发生了变化。有纪律的军队可能只进行短距离的追击，这样就能返回战场，从侧翼攻击战场上的敌方。

巴内特战役

4月14日的清晨大雾弥漫，双方的阵地都变得不那么清晰，一开始，双方都没有意识到彼此的侧翼都有被包抄的危险。双方的中路很快推进，开始了近身战，一时间难分胜负，但是在侧翼双方很快分出了胜负。格洛斯特公爵向前进攻并包围了兰开斯特军左翼，埃克塞特公爵收缩阵地迎战。这一侧，尽管约克军能够压缩兰开斯特军的战线，但是遇到了激烈抵抗；格洛斯特公爵虽占上风，但优势并不明显。

另一侧的战斗与此情况相反。兰开斯特军在牛津伯爵和蒙塔古伯爵率领下开始包抄黑斯廷斯

从这个意义上说，爱德华四世非常幸运：牛津伯爵选择率领军队追击黑斯廷斯军，远离了战场，而不是整理好阵线从侧面对爱德华四世发动进攻，但是爱德华四世得到的好处远远不止如此。牛津伯爵和他的军队因为大雾而晕头转向，回到战场时居然出现在兰开斯特军阵地的后方。如果他们出现在爱德华四世的后方，那么约克军必败无疑，但是突然出现在友军后方的牛津伯爵军队，让兰开斯特军一阵大乱：误把牛津伯爵的旗帜当成了爱德华四世的，一些沃里克伯爵手下的弓箭手开始攻击这些在侧翼出现的"敌军"。尽管后来有人发现了错误，但是那个时代临阵叛变也习以为常，而兰开斯特军中已经有人大叫牛津伯爵变节了。

第七章　亨利六世和爱德华四世的第二次主政　159

当时绘制的巴内特战役，带有明显的时代的烙印。尽管对战争的激烈冲突有所表现，这类画一般只是有代表性地描绘战局，而不是准确详细记录战事。

沃里克伯爵在试图逃跑时被敌人杀死。若是逃亡成功，他很可能与安茹的玛格丽特继续合作，后者此时正带领一支新的军队登陆英格兰。

人物介绍

埃德蒙·都铎和贾斯珀·都铎

埃德蒙和贾斯珀是亨利六世同母异父的弟弟。他们的母亲是瓦卢瓦的凯瑟琳，亨利五世的遗孀。尽管议会特别通过决议反对，凯瑟琳还是决定下嫁给一个名不见经传的威尔士贵族欧文·阿普·迈美德，也就是大家熟知的欧文·都铎。在凯瑟琳被送到修道院去世前，他们一共生了五个孩子。

欧文·都铎的人生有些传奇，他起初还被关押过，但后来越狱成功并被赦免；亨利六世登基后，欧文一直为他南征北战。在莫蒂默路口战役中，他被约克军俘虏，随即被斩首处决，此时他的孩子尚年幼。最年长的埃德蒙生于1430年左右，1453年被封为里士满伯爵。他娶了萨默塞特公爵的女儿玛格丽特·博福特为妻，当妻子怀孕时他不幸离世。他们唯一的孩子就是亨利·都铎，也就是未来的英格兰国王亨利七世。失去父亲的亨利一直在自己的叔叔彭布罗克伯爵贾斯珀的监护下成长，但是随着兰开斯特派的失败，贾斯珀被剥夺了爵位，爱德华四世封他的敌人威廉·赫伯特为彭布罗克伯爵。1470年贾斯珀恢复爵位，巴内特之战后他又失去了该职。

贾斯珀·都铎保护着年轻的亨利·都铎，同时也是他最重要的老师。他们为了躲避爱德华四世，流亡到布列塔尼。贾斯珀一直为兰开斯特派而斗争，在亨利·都铎击败理查三世时（那时理查三世同时担任彭布罗克伯爵），贾斯珀重新恢复了爵位，而亨利则登基成为英格兰国王。自此以后贾斯珀·都铎一直位居要职，包括爱尔兰总督和贝德福德公爵等。

右图：欧文·都铎生于1400年左右，那时英格兰正在平定威尔士的叛乱。他与欧文·格兰道尔是表兄弟，后者正是抗击英格兰人的领袖。这座位于彭特莱斯附近的农庄就是他出生的地方。

上图：曾经的巴内特战役纪念碑。巴内特之战比蒂克斯伯里之战更加重要，失败的沃里克伯爵没能与安茹的玛格丽特会师，而爱德华四世取得了最终的胜利。

侧后方突然出现的"敌军"让沃里克伯爵的士兵们陷入混乱，在爱德华四世率领的约克军的进攻下开始败退。很快兰开斯特军的阵线崩溃，所有人只有一个新目标——逃命。沃里克伯爵还没来得及上马就被杀死，他的兄弟蒙塔古伯爵也遭受同样的命运；埃克塞特公爵亨利·荷兰也受了重伤。一些历史资料记载说公爵被救出了战场，还有的说敌军误认为公爵已经死亡，所以让他捡回了一条命。最终的结果是他逃到了法国，抛弃了兰开斯特派。1473年，他的尸体浮现在多佛尔海岸，但死因成谜。

牛津伯爵也逃往法国，他在那里还继续为兰开斯特派争取支持。后来他又带领一支军队回到英格兰继续战斗。这个时候萨默塞特公爵埃德蒙·博福特也加入了重新组建的兰开斯特军，这支军队的指挥，正是安茹的玛格丽特和她的儿子威斯敏斯特的爱德华。

玛格丽特和威斯敏斯特的爱德华返回英格兰

爱德华四世本以为，巴内特一战已经把兰开斯特派斩草除根；然而，兰开斯特派还有不小力量，因此爱德华四世必须迅速利用这次胜利达成目的。这个时候他还不知道，安茹的玛格丽特和威斯敏斯特的爱德华已经率领一支军队登陆韦茅斯——恰恰是在爱德华四世战胜沃里克伯爵的同一天。很快萨默塞特公爵也率军加入，造成了严重的威胁。

第七章　亨利六世和爱德华四世的第二次主政

上图：由于不能和处在威尔士的盟友会合，安茹的玛格丽特和她的儿子威斯敏斯特的爱德华选择与约克军在蒂克斯伯里开战。兰开斯特军大败，似乎终结了兰开斯特派争夺王位的希望，爱德华四世得以全面统治英格兰。

然而，英吉利海峡的风暴耽误了安茹的玛格丽特的行程，本来的计划是她在巴内特战役以前与沃里克伯爵会合，要是这样，巴内特之战的结果可能会完全不同。现在面对爱德华四世的军队，安茹的玛格丽特又失去了重要的盟友，她开始动摇是否要撤退回法国，另找机会。威斯敏斯特的爱德华说服了自己的母亲：兰开斯特尚有胜算，而且无功而返也毫无意义。因此安茹的玛格丽特决定一战。

她此时最好的选择是向西进军，与萨默塞特公爵和德文郡伯爵约翰·考特尼率领的另一路兰开斯特军会合。考特尼是兰开斯特派中重要的领

右图：一些兰开斯特派领袖躲在了蒂克斯伯里修道院里，但爱德华四世还是冲进修道院把所有人抓住，在短暂的审判后全部处决。这次事件后，修道院不得不重新祝圣被鲜血污染的土地。

袖之一，他曾一度流亡，而正是在流亡期间，他与安茹的玛格丽特策划了周密的计划。他与萨默塞特公爵一起召集了一支强大的军队，这让安茹的玛格丽特信心大增，决定与爱德华四世一决高下。不过兰开斯特还必须招募更多军队以确保胜利。可能的选择有两个：一是威尔士，贾斯珀·都铎是积极的兰开斯特派；另一个是英格兰北部，那是兰开斯特派的势力范围。

安茹的玛格丽特登陆两天后，爱德华四世才得知此消息，但是他并不清楚兰开斯特军接下来准备采取哪些行动。安茹的玛格丽特也十分聪明，向各方派出了小股伪装部队，混淆视听，掩盖自己主力的前进方向，这样即使爱德华四世采取拦截行动也只有几天时间。安茹的玛格丽特首先下令军队朝埃克塞特，之后朝巴斯，然后再向北进军。中间又绕道去了布里斯托尔，为了给军队寻找补给；后来又去格洛斯特寻找补给，但是发现城门紧闭，没能成功。

蒂克斯伯里战役

爱德华四世试图在索德伯里逼对方应战，但是由于时机延误没有成功。在兰开斯特军朝北向蒂克斯伯里前进时，爱德华四世率军急速追击。安茹的玛格丽特的意图是在那里渡过塞文河，为了躲避追兵，她下令急速行军，但是，约克军还是不断逼近，安茹的玛格丽特现在只有两个选择：要么掉头应战，要么强渡塞文河，但在渡河过程中极有可能被约克军袭击。最终她只能选择前者，于是兰开斯特军找到了一处高地扎营，试图恢复长时间急速行军带来的疲劳。1471 年 5 月 4 日，爱德华四世大军赶到，并立即投入战斗。约克军大约有 4000 人，而兰开斯特军有约 5000 兵力。爱德华四世采取的阵型和巴内特之战相同，格洛斯特公爵和威廉·黑斯廷斯

分别指挥先锋和后卫部队。中路还是由爱德华四世本人指挥，他的兄弟克拉伦斯公爵辅助。据同时代的历史资料，三路大军投入战斗的位置与那个时代的习惯不同，通常的做法是先锋部队进入右翼位置，后卫部队补上并占据左翼位置。按照一些历史资料的说法，这个做法爱德华四世并没有使用，而是采用了完全相反的做法，所有的史料都没有给出缘由。

不过历史资料公认的事实是，爱德华四世在左侧的森林中隐藏了一支约200人的军队，为了防止兰开斯特军逃入森林，还可以在需要时从侧翼发动突然袭击。约克军的所有指挥官战斗经验丰富，每个都值得信任，临阵时能够作出正确判断。在做好了所有准备后，爱德华四世一声令下："进攻！"

中路的约克军面对的兰开斯特军在地形上占有一定的优势，左侧的水道为兰开斯特军的左翼提供了保护，而主要的战斗发生在高地上。爱德华四世的军队在前进中困难重重：地面凹凸不平，根本无法维持整齐的阵线，难以维持战斗秩序。约克军好不容易从沟壑中穿过，兰开斯特军的炮火和弓箭手就开始猛烈进攻。约克军也发起了反攻，最终证明约克军无论是在火炮的数量上还是战士的能力上都高于对手。

兰开斯特军的侧翼分别由萨默塞特公爵和德文郡伯爵指挥，中路军名义上的总指挥是威斯敏斯特的爱德华。温洛克男爵约翰则是中路军的实际指挥官，因为威斯敏斯特的爱德华毫无实战经验。第一次圣奥尔本斯战役之后，温洛克男爵曾效忠约克阵营，但是后来又投靠兰开斯特阵营。尽管没有证据表明温洛克男爵临阵投敌，但是在萨默塞特公爵最需要人支援时，他却置之不理，最后造成约克军胜利。当然这是后话，这时兰开斯特军的防御依然有效，阵线依然整齐。爱德华四世的进攻遇到了萨默塞特公爵的突袭——后者利用崎岖的地形隐藏了自己的动向，出其不意地袭击约克军主力。本来进军遇到不利地形的约克军，此时阵线被敌军压缩，不过最终在爱德华四世的指挥下还是击退了敌人的进攻。

爱德华四世得到了格洛斯特公爵侧翼军的支持，在该路战斗取得胜利后，侧翼军收缩支援主力。萨默塞特公爵腹背受敌，最终完全溃散，彻底败北。萨默塞特公爵趁乱逃跑，逃到蒂克斯伯里修道院避难——按照民间故事，在他躲进修道

下图：安茹的玛格丽特在蒂克斯伯里之战中被俘，但是并未被虐待。后来法国将她赎回，1482年她在安茹去世，享年52岁。在她的儿子威斯敏斯特的爱德华死后，她在玫瑰战争中没有再发挥任何作用。

第七章 亨利六世和爱德华四世的第二次主政　167

一些历史资料记载，爱德华四世命令自己手下的骑士将威斯敏斯特的爱德华残酷杀死。据说威斯敏斯特的爱德华至死还一直坚持自己是真正的英格兰王位继承人。

蒂克斯伯里战役 1471年

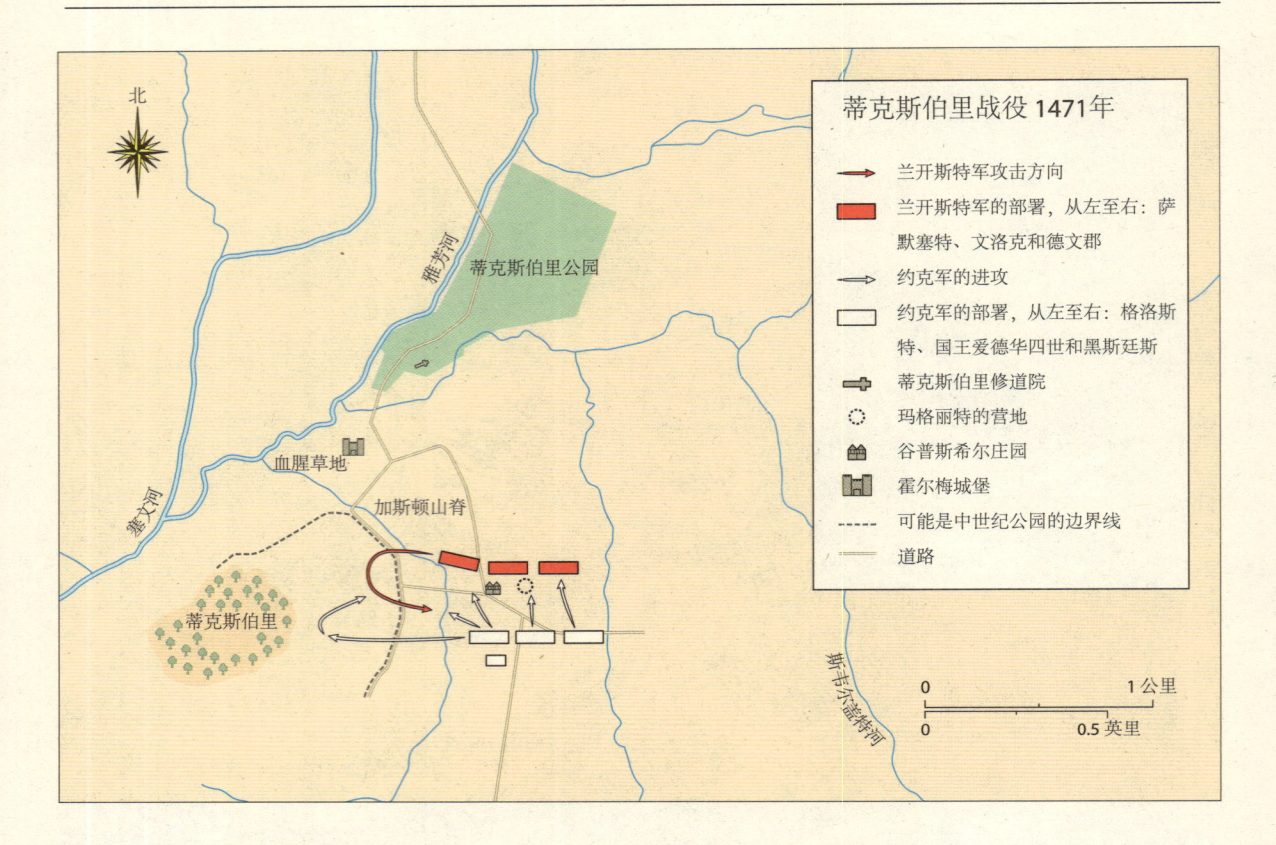

- 兰开斯特军攻击方向
- 兰开斯特军的部署，从左至右：萨默塞特、文洛克和德文郡
- 约克军的进攻
- 约克军的部署，从左至右：格洛斯特、国王爱德华四世和黑斯廷斯
- 蒂克斯伯里修道院
- 玛格丽特的营地
- 谷普斯希尔庄园
- 霍尔梅城堡
- 可能是中世纪公园的边界线
- 道路

上图：史料中没有留下蒂克斯伯里战役的详细记载。那天的战斗中，地形方面的因素对战斗产生了不小影响，让被困的一方能出其不意发动突袭。

院前，还用斧子砍死了温洛克男爵，因后者没有及时增援。

兰开斯特军在死伤无数后，军心涣散，开始解体。一些士兵逃跑淹死在河里，一些在混乱中被踩死，还有一些糊里糊涂和自己人打了起来。约克军在追击中更是杀敌无数。德文郡伯爵和萨默塞特公爵的弟弟在战场上丧命，其他兰开斯特派领袖则躲进了修道院，但是被悉数抓了出来，迅速审判。萨默塞特公爵埃德蒙·博福特难逃厄运，和其他人一起被斩首。因为他的弟弟约翰·博福特也在此役战死，至此博福特家族男性成员全部死亡。5月21日，安茹的玛格丽特被俘虏，此后被囚禁了五年。

亨利六世和威斯敏斯特的爱德华之死

亨利六世的继承人威斯敏斯特的爱德华在战斗后被俘。一些史料记载，克拉伦斯公爵迅速下令将他处死——在短暂的虚假审判之后，迅速砍了年轻王子的头。另外一些史料则记载，威斯敏斯特的爱德华被带到了爱德华四世面前，国王质问他为何入侵英格兰。王子回答说，他是来兑现自己出生时即有的对王位的继承权。据说爱德华四世闻听此言，用金手套砸在王子的脸上，这是让周围骑士砍死王子的信号。如果这个版本是真

上图：按照官方史书的记载，亨利六世得知蒂克斯伯里战役中兰开斯特军惨败后，悲痛欲绝，不久后即死去；实际上极有可能他死于非命，格洛斯特的理查正是在爱德华四世的授意下杀死了亨利六世。

的，那么威斯敏斯特的爱德华之死介于打斗、处决和谋杀之间，难以说清。或许这种模棱两可的状态同样适用于描述玫瑰战争。

本来到这时，爱德华四世一直满足于亨利六世做自己的阶下囚，并不想加害他，但是蒂克斯伯里之战后他改变了想法，决定除掉这位前国王。1471年5月21日，亨利六世被残酷杀害。据说凶手就是格洛斯特公爵即后来的理查三世。不管此事是否属实，亨利六世是国王的囚犯，而他的命运是由爱德华四世决定的。因此最终亨利六世的死，爱德华四世要负责，哪怕他没有直接下令杀死亨利六世——事实上这种可能性很大。尽管官方历史记载称亨利六世死于"极度悲痛"，而当时任何人怀疑这种说法也会给自己带来麻烦。

蒂克斯伯里之战后，和平没有立即到来。英格兰北部还有一些零星战斗，但按照当时的情况看来已无足轻重。兰开斯特派在威尔士依然非常活跃，那里的首领是贾斯珀·都铎，亨利六世的同母异父兄弟。他们的母亲凯瑟琳是亨利五世的遗孀，她不顾大贵族的反对秘密与欧文·都铎结婚。贾斯珀·都铎曾经担任彭布罗克伯爵，但是爱德华四世即位后被免职。他与威廉·赫伯特交战失败后，彭布罗克伯爵的头衔也归属威廉。1470年亨利六世上台后，贾斯珀·都铎重新担任彭布罗克伯爵，但在巴内特战役中被俘虏，又再次失去了头衔。他一直是坚定的兰开斯特派，在坚持抵抗了一段时间后，只得无奈地和亨利·都铎一起逃往欧洲大陆。贾斯珀是亨利六世在军事上的导师。

这个时候另一个巨大的威胁——托马斯·内维尔出现了，他是肯特伯爵威廉·内维尔的私生子，率领一支大军在桑威治登陆。有时人们也称托马斯·内维尔为托马斯·福肯贝格或者"福肯贝格的杂种"。其父是一位非常优秀的军事将领。托马斯自己同样是一位出色的指挥官，武艺高强，在北海和英吉利海峡剿灭海盗时就声名远扬，取得数次胜利。他本来忠于兰开斯特派，1460年转投约克派。1469年起他与沃里克伯爵结盟，并成为沃里克伯爵海军的总指挥。他曾尝试拦截爱德华四世登陆英格兰，但是失败了。

托马斯·内维尔在肯特召集了一支大军，随他的舰队开向伦敦。伦敦拒绝开城投降，托马斯下令炮击伦敦城防，并试图攻城。这次进攻没有成功，托马斯·内维尔带着他率领的大军——据说有两万精壮之汉——全身而退。此时托马斯得知沃里克伯爵已经死去，知道自己废黜爱德华四世的计划成功无望；最终他在南安普敦被俘虏，而舰队则在桑威治被爱德华四世控制。他被关在了约克郡的米德尔赫姆城堡内，1471年9月22日被斩首。

一些史学家认为这些事件标志着玫瑰战争的结束。相对和平和稳定的时代开始了，直到爱德华四世去世，王位继承权之争的战火再次点燃；然而，后面冲突的根源依然在玫瑰战争，导致约克与兰开斯特的最终决斗。

和平重回英格兰

1471年开始，爱德华四世的地位日渐稳固。尽管偶尔还有动乱，但爱德华四世有足够的力量平定动乱，恢复国家的全面稳定。他最重要的盟友担任了要职，这偶尔也会带来矛盾。爱德华四世的兄弟

左图：沃里克伯爵之女安妮·内维尔，她起初嫁给威斯敏斯特的爱德华。爱德华死后她嫁给了格洛斯特的理查，她的姐姐伊莎贝尔嫁给了克拉伦斯公爵乔治，理查的哥哥，这使兄弟之间争夺沃里克伯爵遗产的斗争升级为严重冲突。

上图：在与勃艮第公爵查理联合之后，爱德华四世于1475年即率军向法国进军，但很快就与路易十一世签订了一个非常有利的条约，其中包括数量可观的岁币和安茹的玛格丽特的赎金。

格洛斯特的理查得到大量的土地，成为英格兰北部的长官。他要负责防范苏格兰人的进攻，当然或许并非偶然地远离宫廷。尽管抵御入侵并进行反入侵行动消耗了他大部分的精力，他还是与自己的兄弟克拉伦斯公爵乔治陷入到严重冲突中。

格洛斯特公爵理查娶了安妮·内维尔——哥哥克拉伦斯公爵妻子伊莎贝尔·内维尔的妹妹。这让格洛斯特公爵对内维尔家族大量的地产有了继承权，而本来这些地产都应该归属克拉伦斯公爵一人的，这自然导致了长久的争斗。尽管兄长爱德华四世出面调停，兄弟二人还是互不相让；不过当克拉伦斯公爵被处决时，格洛斯特公爵表示反对。克拉伦斯公爵有着不光彩的叛变史。而当他迎娶勃艮第女继承人玛丽的计划遭到爱德华四世反对时，他主动远离了宫廷，证据表明他又开始策划一场叛乱。爱德华四世忍无可忍，下令逮捕克拉伦斯公爵并以叛国罪起诉。1478年1月他被判处有罪，2月被处决。按照民间传说，克拉伦斯公爵乔治有权选择自己的死法，而他选择淹死在一桶马姆奇甜酒中。

这时与法国的战事再起。爱德华四世与勃艮第联合进攻法国，但是很快以和平条约结束。1475年签订的《皮基尼条约》规定，英法两国结为同盟，一致对付国内外的敌人，爱德华四世还获得了一大笔现金。同时条约中还规定，爱德华四世之女约克的伊丽莎白将与法国国王路易十一世的儿子查理结婚。条约中双方还达成有关赎回

人物介绍

约克的伊丽莎白

1466年，爱德华四世和伊丽莎白·伍德维尔的第一个孩子出生，这便是约克的伊丽莎白。她父亲曾经邀请无数占星师，经过周密计算确定，即将诞生的是个男孩。实际上伊丽莎白后来又有了两个妹妹之后，弟弟才出生。伊丽莎白的教父是沃里克伯爵理查·内维尔。这位沃里克伯爵后来成为伍德维尔家族和爱德华四世的对手，但这时他依然是王室亲密的好友。伊丽莎白的童年在动荡不安的岁月中度过，一切都充满了不确定因素。1475年，作为《皮基尼条约》的一部分，伊丽莎白与法国王位继承人查理订婚。爱德华四世把从法国国王那里得到的现金的一部分赠给了伊丽莎白，这让她极其富有。

订婚让伊丽莎白接受了法式教育，目的是为了让她将来适应法国宫廷的生活。她能用法语阅读和书写，1480年起她所受的礼遇完全配得上未来的法国王后，但是1483年爱德华四世生病之后一切都改变了。既然英格兰入侵不再是威胁，法国国王路易十一世单方面撕毁了《皮基尼条约》。他取消了伊丽莎白和自己儿子的婚约，希望自己的儿子能迎娶勃艮第女继承人玛丽。

爱德华四世的死简直是伍德维尔家族的灭顶之灾。这个家族本来就没有什么盟友，若

上图：约克的伊丽莎白是爱德华四世与伊丽莎白·伍德维尔的长女，她饱经动荡的岁月和变幻莫测的局势，最终嫁给了亨利七世，成为都铎王朝的开创者。这二人的结合不仅是个人的幸福，而且在政治上极其重要。

国王在位时这或许并不重要。若是王子威斯敏斯特的爱德华能够按照继承权加冕，那么伍德维尔家族或许还能留在英格兰的政治舞台上，但是王子威斯敏斯特的爱德华被囚禁并神秘死亡，格洛斯特的理查、前国王的兄弟，继承了王位并成为理查三世。

第七章 亨利六世和爱德华四世的第二次主政 173

左图：1486 年，按照母亲伊丽莎白·伍德维尔和亨利·都铎之间的约定，约克的伊丽莎白与亨利·都铎结婚。尽管婚后依然局势动荡，这桩婚姻是约克和兰开斯特两大家族的结合，最终结束了玫瑰战争。

在这个艰难的岁月中，伊丽莎白的母亲与亨利·都铎达成协议，若是他返回英格兰夺取王位，那约克的伊丽莎白将嫁给他。1485 年 8 月，亨利·都铎登陆英格兰，最终击败了理查三世，成为亨利七世。他在加冕时还没有迎娶伊丽莎白，但是亨利七世信守承诺，在确定大权在握之后娶伊丽莎白成为王后。这桩婚姻结合了约克和兰开斯特两大家族，开创了一个新的王朝——都铎王朝。

约克的伊丽莎白和她的家人躲进了威斯敏斯特修道院，在那里他们找到了庇护所。一段时间后，他们向新王臣服。约克的伊丽莎白还算受到礼遇，而她的兄弟们都被秘密杀害，她也被宣布为私生女。这一个虚假的指控，认为爱德华四世在迎娶伊丽莎白·伍德维尔时已经订婚，这让他的婚姻无效。这种指控并不是为了攻击约克的伊丽莎白，她不过是附带损害，其真正目的是保证理查三世合法加冕。1478 年克拉伦斯公爵乔治被判叛国罪处死后，加上前国王的孩子们被认定为非婚生子，按照继承法，理查就成了王位的唯一继承人。

婚后伊丽莎白在政治上的影响力非常有限，但是她很受爱戴，1503 年去世时她的家人十分悲痛。她的五个孩子中，两个没有能活到成年，但是剩下的三个都开创了大事业。亨利七世和约克的伊丽莎白的孩子分别是玛丽·都铎（曾经短时间成为法兰西王后）、玛格丽特·都铎（嫁给了苏格兰国王并成为苏格兰女王玛丽的祖母）和亨利·都铎。亨利·都铎后来继承了父亲的王位，也就是英格兰国王亨利八世。

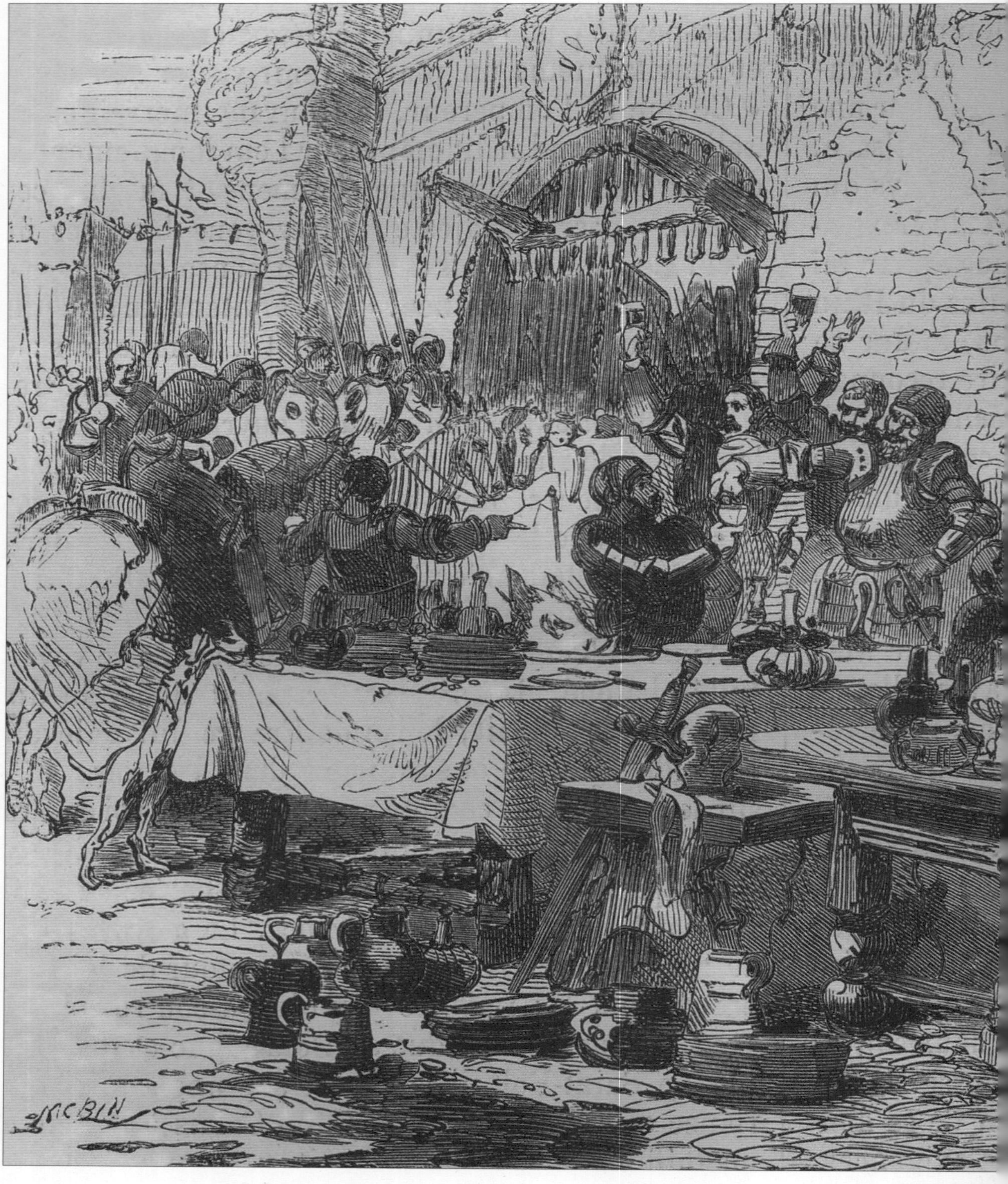
MCBIN

第七章 亨利六世和爱德华四世的第二次主政

左图：得体的宴会是一位贵族或国王权力的标志。座次席位都有着非常复杂的规定。在《皮基尼条约》签订后，爱德华四世举行盛大宴会款待英军。

安茹的玛格丽特的细节。她将回到安茹，由法国国王支付抚养费，不再参与玫瑰战争了。

到1480年，爱德华四世一直沉湎于享乐。管理王国的工作主要交给了伍德维尔家族，而爱德华四世的弟弟格洛斯特公爵守卫英格兰北部，防范此时英格兰的最大敌人——苏格兰。由于法国干预而导致的苏格兰入侵，将是格洛斯特公爵面临的巨大挑战。尽管条约规定英法休战七年，法国还是暗中与苏格兰结盟。苏格兰人不断骚扰，边境冲突不断加紧，最终升级为1482年的战争。贝里克两次易手，最终被格洛斯特的理查占领，从此以后归属英格兰所有。

在英格兰北部，格洛斯特的理查非常受人爱戴，而他的兄长爱德华四世则在伦敦大受支持，尽管过于宠幸伍德维尔家族带来了不少麻烦。除了苏格兰与法国的战事以及克拉伦斯公爵的叛变之外，1471—1483年的局势相对和平。然而1483年4月9日，爱德华四世与世长辞。接下来发生的王位之争，为玫瑰战争画上了句号。曾经一度清晰的约克派与兰开斯特派的界限，此时已经非常模糊，但是这丝毫没有减弱这场斗争的残酷性。

第八章 理查三世

爱德华四世

1483年4月9日爱德华四世去世时，他应该继承王位的长子依然年幼。这样就必须指定一位摄政，而最合适不过的，要数国王最小的弟弟格洛斯特的理查。

格洛斯特的理查数年来一直是国王在英格兰北部的全权代理，一般他也住在那里。宫廷中与他交往甚密的是威廉·黑斯廷斯。黑斯廷斯是爱德华四世的老朋友，同时也是伍德维尔家族的敌人。伍德维尔家族因为伊丽莎白·伍德维尔嫁给国王，便控制了宫廷所有的事务。黑斯廷斯在宫廷中主要靠他与国王的朋友关系，所以伍德维尔家族的数次阴谋诡计都没有能动摇他的地位。爱德华四世去世后，黑斯廷斯尽管与理查的关系很好，但是这并没有能阻止他地位的下降。

爱德华四世似乎一直为自己的朋友与妻子合不来而感到苦恼，在他去世前不久，他曾经要求二人言归于好。然而，黑斯廷斯对伍德维尔家族的怀疑并没有消失；于是，当王后提出为了保护王位继承人安全到达伦敦，而要调动庞大数量的军队时，黑斯廷斯激烈反对。他表示，如果王子和大军抵达伦敦，他就要去法国加莱，黑斯廷斯是那里的长官。

威尔士亲王爱德华在父亲死后成为爱德华五世。生于1470年父亲流亡期间的爱德华五世，

理查三世可以算得上英国历史中最具争议的人物了，莎士比亚戏剧中刻画的他的形象远远比历史事实更有名。由于爱德华四世去世后，继承人爱德华五世年幼，造成了王国政局动荡。

那时正在拉德洛城堡——威尔士亲王的传统宫邸。他一直在里弗斯伯爵安东尼·伍德维尔的监护下。伯爵是王后的兄弟，曾经担任过将军和其他一些重要的职位。1471年他被指定为加莱总督，但是不久后这一职位由黑斯廷斯担任，这让伍德维尔家族和黑斯廷斯之间的不睦更深一层。

　　里弗斯伯爵率领人马护送外甥赶往伦敦，王后则匆忙地准备了加冕典礼。这样做的原因之一，是王后与黑斯廷斯争权夺势；黑斯廷斯想拖延到格洛斯特的理查担任监国之后再让王子加冕，这样就能阻止伍德维尔家族独揽大权——爱德华四世去世前留下遗诏，要求自己的弟弟理查出任此职位。黑斯廷斯还密报给格洛斯特公爵，让他知晓事务的进展情况，要求他尽快赶来伦敦。尽管爱德华五世此时才不过12岁，未成年之前不会亲政，但是历史上也不是没有年少的国王加冕，理查二世加冕时才不过10岁。若是伍德维尔家族替代了格洛斯特的理查，则可以通过操纵年幼的国王控制英格兰，但是要想达成这个计划，就必须让爱德华五世尽快赶到伦敦，在无人干涉之前尽快加冕。

阶下囚爱德华五世

　　在里弗斯伯爵的护送下即将加冕的爱德华五世，在路上被格洛斯特的理查拦截。或许无论是里弗斯伯爵还是爱德华五世都没有怀疑理查有不轨企图，毕竟格洛斯特公爵一直忠于爱德华五世的父亲，并且是爱德华四世指定的摄政。此外，格洛斯特公爵实力强大，贬损他无异于发动内战，除非确定他有反心，绝不能轻举妄动。可怜的爱德华五世却不知道，这正是格洛斯特的理查想要的。他邀请爱德华五世和里弗斯伯爵一起用餐，仿佛他绝无恶意，第二天清晨趁其不备将二人逮捕。这完全违反了当时做主人应尽的职责：客人应该得到尊敬和保护甚至是武力保护，结果格洛斯特公爵却利用这个机会逮捕了爱德华五世和里弗斯伯爵。

　　里弗斯伯爵和他的外甥理查·格雷爵士被押送到了庞特佛雷特城堡，并在那里被关押了一段时间。理查·格雷是爱德华五世同母异父的兄弟，在威尔士颇有权势。他比爱德华五世年长几岁，某种意义上是他的导师。被囚禁期间，他们的土地很快被分给了别人，1483年6月25日，在格洛斯特的理查的命令下，里弗斯伯爵和格雷二人被一同处决，而理查很快就要登上王位了。

　　得知儿子被囚禁后，伊丽莎白·伍德维尔带着其他孩子躲进了威斯敏斯特修道院，其中也包括了爱德华五世的弟弟约克公爵理查。这一招非常聪明：只要理查还安全，那伤害爱德华五世就达不到目的。

　　实际上，伊丽莎白·伍德维尔还接到了黑斯廷斯的一封信，坚称若是格洛斯特的理查胆敢让爱德华五世以外者加冕，那他将拥立年幼的约克

第八章 理查三世　179

拦截了威尔士亲王爱德华之后，格洛斯特的理查护送他到伦敦。因为理查被指定为摄政，那么他护送王子也就理所应当，没有人会想到原来的护送者已经被逮捕并囚禁。

伊丽莎白·伍德维尔同意将自己年幼的儿子带到伦敦塔,和哥哥爱德华五世做伴。在这件事之前,爱德华五世是相对安全的,因为杀掉他,他的弟弟约克公爵理查自然就成为王位继承人。

上图：伊丽莎白·伍德维尔处境艰难，尽管她在威斯敏斯特修道院相对安全。她所有的权力来自于丈夫和监护王位继承人。丈夫去世，王位继承人被囚禁，她步步惊心，无法确定别人的意图。

公爵理查为王。这似乎暗示黑斯廷斯依然坚持王位应该由血统来决定，并且坚决拥护爱德华五世。

这样的表态并不意外：黑斯廷斯是爱德华四世一生最要好的朋友，爱德华四世之子应该登基，否则将是叛国，违背先王遗愿；因此他本人尽管对格洛斯特的理查非常有好感，但此时站在了昔日的敌人伍德维尔家族一边。同样，这也不令人意外：伍德维尔家族毕竟没有失去法统，尽管黑斯廷斯不赞同他们的许多做法，但是废黜年轻的王子、篡权夺位是大逆不道之事。

伍德维尔家族一直躲在威斯敏斯特修道院内，年幼的约克公爵理查也躲在这里，直到伊丽莎白·伍德维尔被人说服，让幼子理查也被带到伦敦塔。表面上理查是去陪伴孤单寂寞的哥哥爱德华五世，做王子的玩伴，同时还是巨大的安慰。那时没有任何证据表明有人会加害这兄弟二人，

左图：黑斯廷斯是理查夺取王位路上的绊脚石，所以很快被捕并处决。审判并未公开举行，因为理查想要低调夺取王位，避免更多事端。

毕竟爱德华五世的加冕礼正在积极筹备中，但是在伦敦塔关押期间，两人离奇死亡。大多数历史学家认为他们被杀害，但是究竟谁是幕后主使却无从知晓。

格洛斯特的理查夺取王位

尽管格洛斯特的理查早有打算夺取王位，威尔士亲王加冕为爱德华五世的典礼仍在有条不紊地准备着。准备工作大概只是为了掩饰理查的真实意图，原定6月22日举行的加冕礼便是他行动的最后期限。

为了能确保自己登上王位，格洛斯特的理查需要除掉自己的敌人，让他们无法破坏自己的计划。为此，6月13日或14日，格洛斯特公爵召开议会，他谴责伊丽莎白·伍德维尔和简·肖尔——爱德华四世和黑斯廷斯的共同情妇。两人被指控行巫术,格洛斯特公爵向议院展示了自己干枯的手臂证明了此事。黑斯廷斯被指控叛国罪,被逮捕并立即斩首。斯坦利大人和坎特伯雷大主教约翰·莫顿也被逮捕。逮捕过程中斯坦利大人受到格洛斯特公爵手下人的无端重击而受伤,但斯坦利并没有被囚禁太久,尽管他一直捍卫被囚禁的爱德华五世,但是依然被格洛斯特公爵委以重任。

这以后,格洛斯特的理查控制了伦敦局势。6月22日,在爱德华五世原定加冕的这一天,爱德华四世和伊丽莎白·伍德维尔所有的孩子被宣布为非婚生子。略有些站不住脚的理由是爱德华四世见到伊丽莎白·伍德维尔之前,曾许诺要娶第一代什鲁斯伯里伯爵之女埃莉诺·塔尔博特,因此后来的婚姻因重婚罪被宣布无效。这样他们的孩子全部成为非婚生子,失去了王位继承权。

下图:格洛斯特的理查制造了一系列情况——至少对于外人而言——让所有人认为该由他继承王位。他矫情的表演未能说服在场的大多数人。

人物介绍

塔中王子

　　爱德华四世去世后不久,他的儿子威尔士亲王爱德华被传唤到伦敦加冕。路途中他被格洛斯特的理查拦截,被带到了伦敦塔囚禁了起来。理查制造了一个假象,似乎加冕礼的准备工作正在进行,而爱德华五世则在伦敦塔中受到了保护——当然有多少人相信

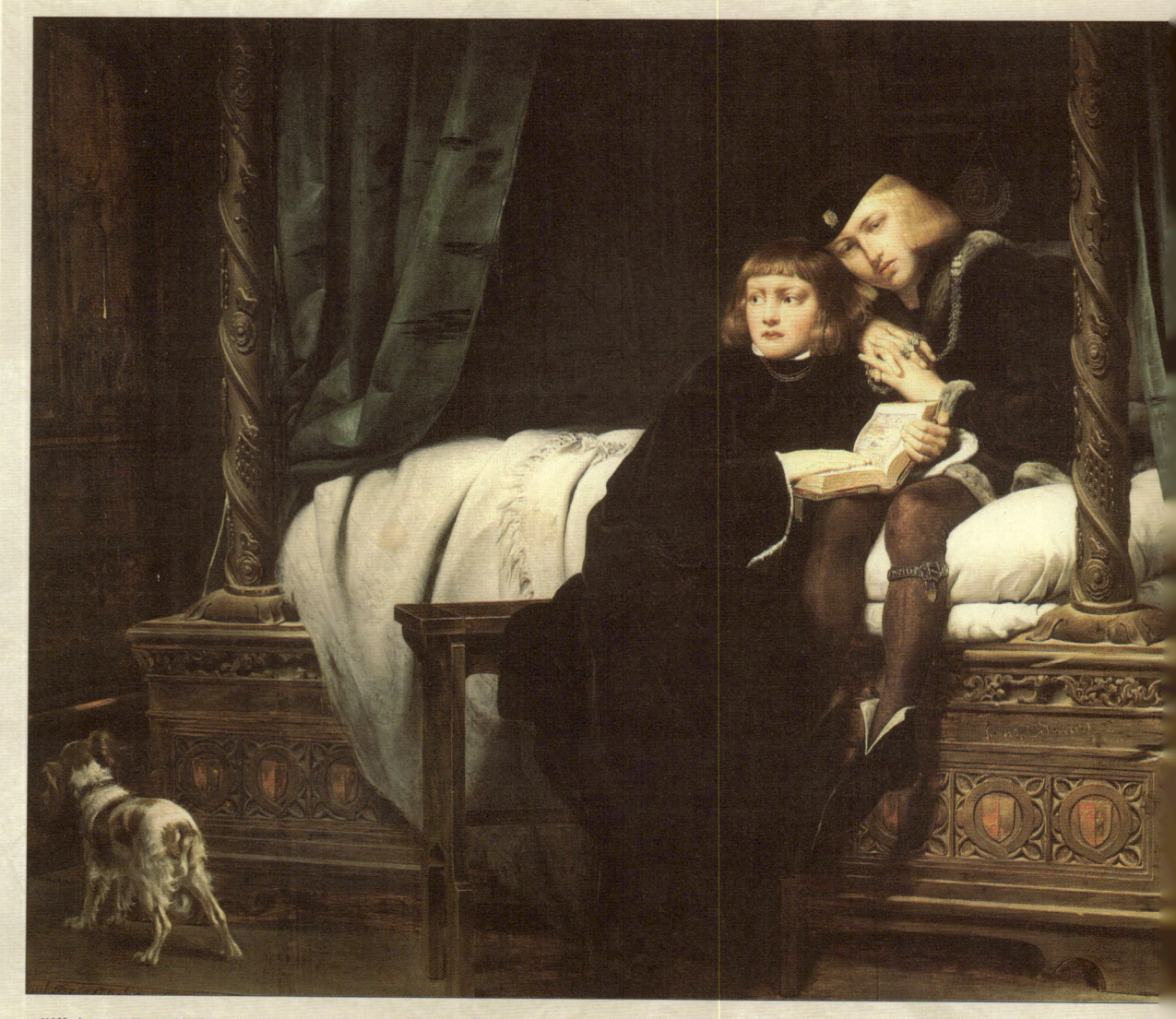

"塔中王子"的故事经常被许多人用来抹黑他们所选中的恶人。无论男孩们身上到底发生了什么事,他们依旧是时代的牺牲品——在这个时代中处于很高地位的人都可能无辜受死。

这个假象则不得而知。爱德华五世的弟弟约克公爵理查，这时才不过9岁，很快也被带到了伦敦塔。本来约克公爵理查和母亲姐妹一起躲在了威斯敏斯特修道院，但是作为摄政和孩子们叔父的格洛斯特的理查说服了他们，还是由他负责保护他们最好。约克公爵理查被带走的理由，是陪伴在伦敦塔中感到孤独寂寞的哥哥。

不久之后，格洛斯特的理查加冕成为英格兰国王理查三世，而这两位王子神秘消失了。1674年，在这里施工的人发现了两具骸骨，让人们认为这两位王子被秘密杀害，并埋在了伦敦塔里，尽管并没有确凿证据表明这是史实。还有一种说法认为两位王子成功地逃出了伦敦塔。托马斯·摩尔爵士认为，两位王子由理查三世下令杀害，应该是为了除掉自己统治的威胁。摩尔记载，伦敦塔的看守罗伯特·布拉肯伯里爵士接到命令杀害两位王子，但是他拒绝执行，最终他还是把钥匙交给了詹姆斯·蒂雷尔爵士。蒂雷尔是理查三世忠实的支持者，他曾经随着国王征战苏格兰，取得卓越战绩。理查三世提拔蒂雷尔做朝廷重臣，不过这并不是因为他替国王杀人而得的奖赏。一些人认为蒂雷尔后来是在亨利七世的命令下杀害了两位王子，因为他是在亨利七世那里得到高官厚禄的，但是不久后被逮捕囚禁在伦敦塔，因叛国罪被斩首。蒂雷尔在临刑前承认是自己杀害了王子。

如果托马斯·摩尔的记载是真实的，那么1483年末，蒂雷尔将凶手放进了两位王子的住所，将他们杀害。两位王子是被枕头闷死——这也是对付孩子最简单的办法——之后他们的尸体被秘密掩埋。这个版本广为大众接受，但是缺乏证据。事实上，还有种可能是两位王子根本没有被杀；有可能其中一位或者两位都死于疾病——这是那个时代常见的事；又或者二人真的逃出了伦敦塔。曾有两位冒名顶替的人宣称自己是约克公爵理查，试图夺取王位，利用的就是二人成功逃跑的故事。这两个人中肯定有一个是假的，但是确实有认识王子的人支持冒名者做国王。

总而言之，两位王子在伦敦塔内被谋害的可能性较大。究竟幕后主使是谁，这成了历史谜案。理查三世似乎最有动机，但是也有可能是他的手下自作主张，另外亨利七世也有嫌疑。亨利七世的确处决了一系列对他王位有潜在威胁的人，除掉王子也可以保住自己的统治。鉴于玫瑰战争中的血雨腥风，此举未必不是出于深思熟虑。无论如何，解决这个谜案的关键证据还没有找到。

随着爱德华五世（以及他弟弟约克公爵理查）对王位的继承权被取消，下一个继承人自然是爱德华四世的弟弟格洛斯特的理查。7月6日，他正式加冕为英格兰国王理查三世，很快开始出巡。成功夺取王位后，理查三世必须要确立自己的位置，应对可能的挑战。

白金汉公爵叛乱

第二代白金汉公爵亨利·斯塔福德是公认的1483年反对理查三世叛乱的领导者。他位高权重，他的母亲是冈特的约翰的后裔，而他的妻子是王后的姐妹凯瑟琳·伍德维尔。斯塔福德的祖父和父亲都为兰开斯特派战死，但是在那时新的政局中，约克与兰开斯特之争已经不再重要。他帮助格洛斯特的理查抓住了威尔士亲王爱德华，并且在理查三世手下担任要职，因此他应该忠于理查三世。1483年6月24日他还发表了富有激情的演说，表示支持理查登上王位。

然而，他很快就开始厌恶理查三世的统治，1483年8月他就离开了宫廷。或许他是受了坎特伯雷大主教约翰·莫顿的影响。后者曾与黑斯廷斯一起被逮捕，并交给白金汉公爵看管。就是在这段时间白金汉公爵开始反对理查三世，站在了伊丽莎白·伍德维尔一边。他还与亨利·都铎

下图：白金汉公爵亨利发动叛乱，是源于玫瑰战争但是与约克—兰开斯特之争没有直接关系的几场叛乱之一。1483年后，两大阵营的归属已经不再重要。

一起密谋，接应他登陆英格兰。

白金汉公爵本来想趁着亨利·都铎抵达英格兰时，发动叛乱，但是从一开始他的计划就出了差错。亨利·都铎的舰队因为风暴而没能渡过英吉利海峡，亨利·斯塔福德率领大军进入英格兰，却遇到了塞文河大洪水而没有成功。这造成了叛乱失败，大军溃散。他试图逃跑，但是被出卖，最终在1483年11月2日被处死。

亨利·都铎登陆英格兰

亨利·都铎生于1457年。他从未见过自己的父亲。在他出生前几个月父亲去世了，这使亨利经历了痛苦的童年。亨利一直在保护中从威尔士的一个城堡到另外一个城堡，而且大多数时候这些城堡都正在被人进攻。亨利的叔叔贾斯珀·都铎倾尽全力保护自己的侄子，在军事方面成为了这位年轻人的导师。

上图：白金汉公爵的叛乱实际上被洪水平息。他的军队无法渡过高涨的塞文河，而从法国赶来的援军又因为暴风雨返航。叛军没有参加任何战斗就溃散了。

亨利·都铎的父亲名叫哈德姆的埃德蒙，祖父欧文·都铎娶了亨利五世的遗孀瓦卢瓦的凯瑟琳，因此埃德蒙是亨利六世同母异父的兄弟，但是确切地说，他对法国王位的继承权比英格兰王位还大些。事实上，从血统上来说，亨利·都铎对英格兰王位的继承权按照法律几乎为零。他唯一站得住脚的依据是来自爱德华三世，来自冈特的约翰和第三任妻子凯瑟琳·斯温福德，但是两个人是在结婚前生下几个孩子的，正式婚配后几个孩子才有了合法身份，却被排除在王位继承权之外。尽管反对派一再强调亨利·都铎没有继承权，但是支持他的人毫不在意这一点。

或许当时的约克派根本没拿和王位基本搭不上边的亨利·都铎当回事。他们根本没有采取什么行动来消灭他：在彭布罗克城堡被攻占时，四岁的亨利·都铎尽管被俘虏，但是没有人想到伤害他。在被囚禁期间他接受了良好的教育，也没有受到任何虐待。亨利六世恢复王

右图：年轻的亨利·都铎一直被当作"小人物"。一方面他几乎毫无王位继承权，另一方面他成长时远离权力斗争中心。

位之后，他才被释放，并被叔叔贾斯珀·都铎带入宫廷当差。爱德华四世杀回英格兰，迫使两个人都逃往布列塔尼。

尽管从法律角度而言几乎毫无继承权，亨利·都铎到1483年时却已经是兰开斯特派最强的候选人，因为与王位真正有关系的继承人，在过去数十年中，不是死在战场上就是死在刑场上了。理查三世篡夺王位导致政治局势再次动荡，给兰开斯特派可乘之机。1483年，在布列塔尼公爵弗朗索瓦二世的支持下，亨利·都铎第一次争夺王位，但是出海遇到风暴只得返回港口。

白金汉公爵的叛乱一败涂地，让亨利·都铎失去了极好的内应，破坏了他的计划。不过，至少亨利还有伍德维尔家族的支持，因为双方达成协议，若是夺取英格兰王位成功，他将迎娶约克的伊丽莎白。这样将大大增加他继承王位的合法性，也会赢得不少贵族的支持。珍贵的历史经验已经证明：打江山容易坐稳江山难。

为了阻止亨利·都铎，理查三世胁迫布列塔尼公爵弗朗索瓦二世把亨利·都铎交出来。亨利·都铎和身边的支持者只好逃往法国，在

左图：亨利·都铎选择在威尔士登陆，因为在那里他比较受欢迎，也比较熟悉地形。那时的威尔士不像英格兰，受英格兰国王控制较少。

那里他们得到了大力支持。于是亨利·都铎组建了一支规模中等的军队,以法国人和苏格兰人为主,并于1485年8月7日登陆威尔士的米尔福德港。到达英格兰后,亨利·都铎又在威尔士招募了大批当地军,而那些反对理查三世统治的贵族,纷纷站在了亨利·都铎一边。亨利·都铎现在终于有足够实力面对面挑战理查三世,但是必须迅速行动。亨利·都铎的军队已经完成了集结,理查三世则必须召集其他地区的军队——时间拖得越久,理查三世的军队会越多。

事不宜迟,亨利·都铎取道什鲁斯伯里进军,8月18日到达塔姆沃思。20日大军开往亚瑟斯通,而理查三世率领的王军21日抵达博斯沃思扎营。第二天,两支军队在博斯沃思和亚瑟斯通之间的地带决一死战。

博斯沃思原野战役

理查三世率领的军队人数略多于对手,但是局势随时可能变化。亨利·都铎的援兵不断赶到,尽管人数并不多,但是越来越多的贵族带着自己的武装加入到亨利·都铎一边。理查三世也有增援部队,但是要等许久才能赶到,而他面对的另一个难题是军队逐渐失去斗志,因此理查三世需要尽快取得决定性的胜利。

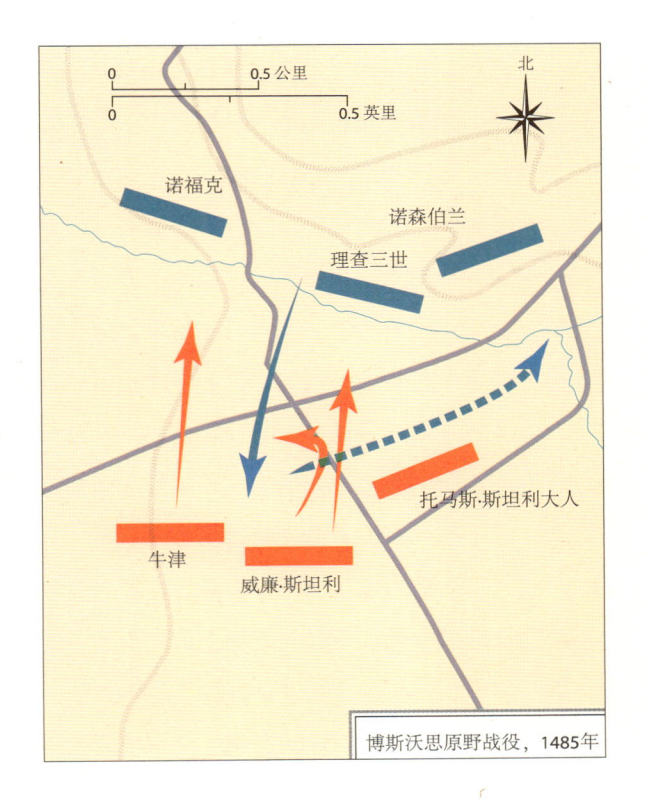

王军依然兵分三路。理查三世指挥中路,左路由诺森伯兰公爵亨利·珀西指挥,右路则由诺福克公爵约翰·霍华德指挥。还有另外一支斯坦利大人率领的军队在战场附近,但是理查三世无法确定他的意图。他怀疑斯坦利已经叛变(事实证明他的怀疑是正确的),并把其子作为人质扣押。斯坦利曾经被逮捕过一次,与黑斯廷斯一起被囚禁在伦敦塔中一段时间,被释放之后又被理查三世委以重任。理查三世看走了眼,斯坦利大人和他的兄弟威廉·斯坦利爵士一起,早和亨利·都铎达成了秘密协议,尽管他们的军队这时

下图:博斯沃思原野战役在怀疑和背叛中开始。理查三世无法确定到底谁忠于自己,这一点上亨利·都铎占有优势——追随他上战场的都是他的支持者。

博斯沃思原野战役,1485年

上图：两军在战场上不断逼近，但是并没有立刻开战。中世纪战争中最重要的策略是等待天亮进行致命一击，而不是在昏暗时乱军交战。

还没有公开站在某一边。这样一来，双方都不确定一旦开战，斯坦利兄弟会采取什么行动——双方都有理由相信这支军队可能站在自己一边。

亨利·都铎知道自己作战经验不足，不是理查三世的对手，于是他决定指挥后备军，而没有担任这次战斗的总指挥。他的中路军主要由步兵组成，由牛津伯爵约翰·德·维尔指挥，骑兵则安排在两翼的位置上。经验丰富的牛津伯爵意识到己方人数不如对手众多，下令自己的军队阵营之间不得超出十步。这让伯爵的军队形成紧密的阵营，对于敌人来说不易攻破。

双方军队都用弓箭手作为头阵，在推进时射击对方以造成干扰。一时间战场上箭如雨下，炮声隆隆。亨利·都铎首先发动进攻，尽管人数不及对方。亨利·都铎的军队遇到了两军中间的沼

泽，前进困难，又遭到了理查三世军队弓箭火炮的袭击。这时理查三世命令斯坦利大人立刻率军参战，如果不服从的话就杀掉他的儿子。可惜理查三世的这条命令并没人执行：行刑人也知道静观其变，若是杀掉了胜利一方贵族的儿子，那自己也难逃厄运。同时，诺福克公爵与都铎军交手，前者的军队此时显出了厌战情绪。牛津伯爵看准这个机会，果断出击，双方一时间杀在一处，血肉横飞。

理查三世派军队支援诺福克公爵，但是即使如此也未能挽回败局。诺福克公爵战死，整个阵营完全溃败。此时诺森伯兰公爵还没有加入战斗，尽管理查三世一再下令要求他进军。诺森伯兰公爵宣称自己是为了预防斯坦利兄弟突然袭击，才原地不动。不管这是否属实，王军瞬间失去了三分之一的力量。

从某种意义上来说，这并不是造成理查三世失败的最主要原因，但是他本来就怀疑斯坦利兄

下图：理查三世的军队要么在溃散，要么选择退战，甚至还有一些临阵背叛，理查三世只有选择直捣黄龙，尝试杀死亨利·都铎。他勇敢的冲锋的确逼近了敌人，但是最终却未能成功。

弟叛变，诺森伯兰公爵此举让理查三世认为叛徒又多了一个。不过突然出现的机会让理查三世看到了胜利的希望：亨利·都铎在一小股军队的保护下前往斯坦利驻扎的位置，孤立无援。理查三世率领约80名亲信骑士，直接杀向亨利的这支队伍，希望一举杀掉他，赢得全局的胜利。理查三世的勇敢冲锋确实起到了效果：据一些史料，他亲手杀死了亨利·都铎的旗兵，并与亨利·都铎面对面厮杀，但是，此时斯坦利大人突然出击，且站在亨利·都铎一边，理查三世这时发现自己被完全包围了。

理查三世尽管知道大势已去，或许他冥冥中早已预料到了这一点，但是他拒绝逃跑。一些资料记载，有忠于他的士兵为他带来马匹，理查三世没有接受，他说自己即使是死，也要以英格兰国王的身份死去。或许是不可思议的顽固，或许是鲁莽的勇气，或许是英雄对背叛的绝望，或许理查三世看到逃跑意味着侮辱，将来还有可能被处死，无论因为什么，理查三世留在原地，战斗到最后一刻，直到死去。

下图：浪漫化的理查三世之死。盔甲被剥掉之后，他的尸体被砍得支离破碎，之后被带往莱切斯特。最后他被葬在格雷弗来斯教堂，而不是和王室身份相配的安葬之所。

第八章 理查三世 193

一些史料记载,理查三世的王冠被窃贼摘下并藏在了山楂树丛中,但是被人找到并交给了亨利·都铎。得胜的军队对亨利七世高呼"国王万岁"。

失去国王的军队作鸟兽散,亨利·都铎的军队也没有拼死追赶。人们找到了理查三世的王冠,献给了亨利·都铎——凭借这场胜利,他征服了英格兰登上王位。亨利·珀西被逮捕,但是很快恢复自由,并担任了高官,而斯坦利大人则因自己在战场上的表现,得到了德比伯国。

亨利七世

1485年10月30日,亨利·都铎加冕成为英格兰国王亨利七世;1486年1月18日,他兑现承诺迎娶约克的伊丽莎白。这便开创了都铎王朝,这个王朝的标志是一朵红白相间的玫瑰,玫瑰战争彻底结束。事实上,约克与兰开斯特两大阵营的分野基本已经失去了现实意义。尽管亨利七世属于兰开斯特阵营,理查三世属于约克阵营,但是在亨利七世登陆英格兰后,许多支持他的贵族都是约克派。

亨利七世采取了一系列政治和法律的措施,巩固自己的统治。他宣布有关爱德华四世婚姻非法的决议无效,这样约克的伊丽莎白就成为国王和王后的合法婚生女。而亨利七世和伊丽莎白的孩子将拥有合法的王位继承权,也制止了有关王位继承权的争论。亨利七世还宣布自己的统治始于1485年8月21日。这意味着所有在博斯沃思原野战役中与他敌对的人,都成为了叛臣,他们的土地被剥夺、头衔被取消,转给亨利七世的支持者。不过这种罪名并没有加在太多人身上。亨利七世原谅了许多曾经与他敌对的人,在加冕后不久他就宣布,凡是向他称臣效忠者,他都既往不咎。

当然也有一些人没有被赦免,其中一个就是克拉伦斯公爵乔治之子、年仅10岁的沃里克伯爵爱德华。他是潜在的威胁,可能有人会策划以他的名义造反。从1485年到1499年,他一直被囚禁在伦敦塔里,之后以叛国罪被起诉。法庭指控沃里克伯爵在被囚禁伦敦塔期间,一直在策划各种阴谋。沃里克伯爵罪名成立,被斩首处决,于是,最后一位金雀花王朝男性继承者就这样死去了。

除了以上措施之外,亨利七世还通过一系列法律,降低了大贵族们招募私人军队的能力。不过几场叛乱还是让亨利七世的统治受到了严重挑战:第一波叛乱由洛弗尔子爵、汉弗莱·斯塔福德和托马斯·斯塔福德兄弟组织,但最终都成为闹剧。1486年洛弗尔子爵发动叛乱,但因为无法面对巨大的压力,子爵最后逃到了勃艮第。斯塔福德兄弟的确掀起了不小的风波,但是很快自行崩溃。两兄弟逃到了蒂克斯伯里修道院,想利用修道院的治外法权逃离法律制裁,但是国王还是下令强行进入修道院逮捕两人。此举招致了教皇的抗议,最后教会和国王达成了新的协议:教会土地依然可以避难,但是反对国王的叛徒不能享受此待遇。

上图：描绘都铎王室成员的教堂彩色玻璃窗，其中包括亨利·都铎（亨利七世）和贾斯珀·都铎，后者重新得到了彭布罗克伯爵的头衔，并因为他对亨利七世坚定不移的支持而被升为贝德福德公爵。

1487 年，一次新的叛乱发生了：有个叫兰伯特·西姆内尔的人自称是被囚禁的沃里克伯爵爱德华。爱尔兰贵族们纷纷支持他，同时洛弗尔子爵和林肯伯爵约翰·德·波尔也加入支持者的阵营。这位假冒者还在爱尔兰举行了加冕典礼，自称爱德华六世，并带着一群德国雇佣兵登陆英格兰。亨利七世亲自出征平叛，叛军尽管经验丰富，但是人数不多。接下来发生的斯托克战役被史学界认可为玫瑰战争中最后的一场战斗，尽管实际上这个时代早就过去，反叛者们现在针对的是都铎王朝。叛军被完全消灭，兰伯特·西姆内尔被俘虏。然而，他并没有像其他叛徒那样被处死，亨利七世给了他一份新的工作——在王室厨房当差，因为他不过是个傀儡而已。

人物介绍

理查三世

格洛斯特的理查生于1452年10月,是约克公爵理查·金雀花最年幼的儿子,也是历史上最有争议的人物之一。他的形象被恶意中伤,不仅仅是在莎士比亚的戏剧中——莎翁笔下的反面形象也算情有可原。莎士比亚生活在都铎王朝统治的时代,而亨利·都铎是推翻了理查三世才夺得英格兰王位的。莎士比亚的《理查三世》在当时远远比真实的历史有名,它甚至影响了后世许多历史学家的判断。

理查三世是那个时代权力很大的贵族。"塔中王子"是否是他下令杀害至今仍是一桩悬案,但他的确冷血地处死了不少人。对于现代人而言,他的行为似乎过于残酷,甚至完全邪恶,但是其他的王朝统治者也都是如此。格洛斯特的理查,也就是后来的理查三世,生活在一个充满叛变和暴力的年代,为了能保全性命,实现自己的野心,当然会用尽手段。从这一点而言,他和同时代的其他统治者并无区别,他们只是出于同样的原因采取同样的行动罢了。

理查三世的畸形一直困扰了历史学家多年。在舞台上他一直是一个形容扭曲的驼背,并且有只干枯的手臂。

左图:理查三世(劳伦斯·奥利维尔饰)经常被人看作莎士比亚描绘的驼背恶棍。作家创作的时代,正是推翻理查三世的都铎王朝统治时代。那时理查三世不太能赢得人们的同情。

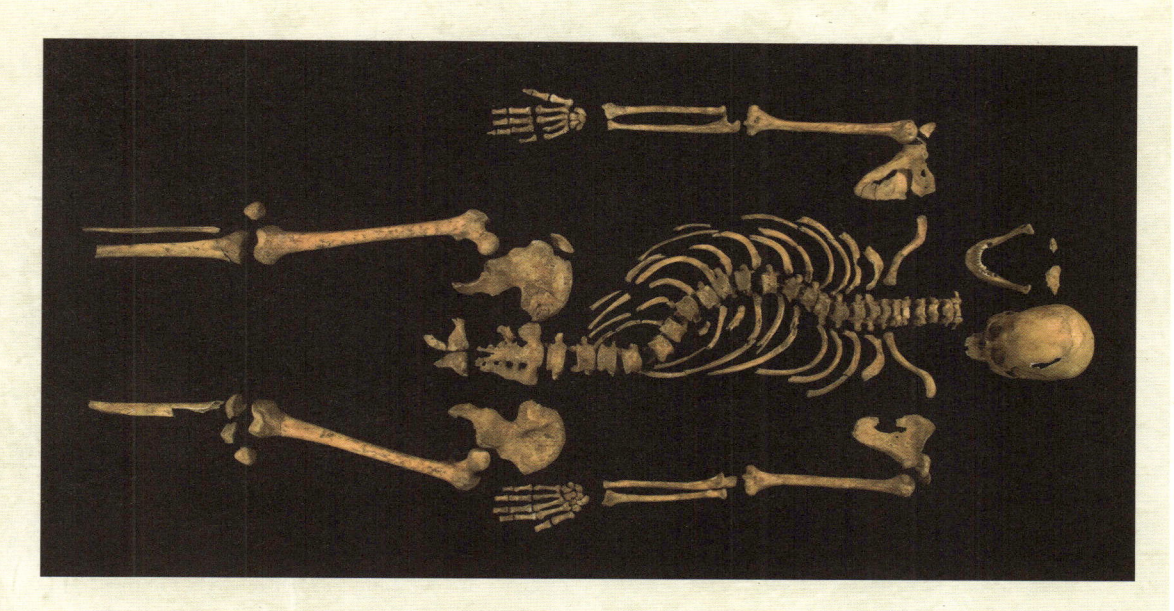

上图：理查三世遗骸的发现，终于解决了"驼背"的历史遗案。他的脊柱的确有弯曲变形，但是依然能够穿着盔甲作战，且武艺高强。

曾经他确实宣称自己的敌人使用巫术造成了他手臂的残疾，实际上应该与脊柱畸形有关。驼背则是无中生有，历史上记载理查三世身披铠甲，依然自如地使用双手板斧。他亲自上阵，参加过不少大战，而且还战胜了许多脊柱正常的武士，足见功夫了得，因此身体上的畸形并没有妨碍他成为勇猛的战士。支持理查三世的人一直坚称，理查三世的畸形是子虚乌有的事。而史实恰恰介于两个故事版本之间。2012 年，理查三世的遗骨被发现，他的脊柱的确有严重的扭曲，但是两只手臂都完全正常。鉴定显示他受了严重的伤，还有一些是死后造成的。理查三世可能死于钝器重击头部，其他的伤痕应该是死后所遭侮辱所致。有一些伤痕必须在脱下盔甲后才能形成，这在他活着与别人战斗时是不可能的。在尸体遭到侮辱后，理查三世的尸体被扔在马背上，运到了英格兰莱切斯特的格雷弗莱斯教堂，草草埋葬了事。

理查三世的遗骸历经数个世纪，最终被发现。DNA 测试显示，理查的 Y 染色体并非来自该王朝，这意味着该家族男性继承链已经断裂。同时人们也会怀疑亨利六世、亨利七世和亨利八世几位君主的王室血统，并对他们王位的合法性提出疑问。关于理查三世的人生，还是有截然相反的看法。他是一个残酷的人，但是那个时代的贵族皆是如此，当然他的权力更大。另外，他的名声被一位影响力前所未有的作家抹黑。理查三世最大的罪行——如果真的称得上罪行的话——那就是他没有能成为有权书写历史的胜利者。

1490年起，另外一位假冒者佩尔金·沃贝克又出现了，并开始制造麻烦。沃贝克这次冒充的是爱德华四世之子约克公爵理查。尽管有证据表明，约克公爵理查已经在伦敦塔中被害了，但还是有人坚决相信他已经成功逃出，沃贝克就是利用这种传言取得了一定的成功。他的支持者，有一些流亡贵族，还有一些反对亨利七世统治的海外势力，尤其重要的是"大胆者"查理的遗孀、勃艮第的公爵夫人玛格丽特；法国和苏格兰也支持他，尽管这两国是否关心沃贝克的真实身份无从可知——他们或许只想给英格兰国王找点麻烦，正如那个时代普遍流行的政策一样。

佩尔金·沃贝克几次突袭英格兰，尝试搅起更大的叛乱，但是却没有取得什么效果。1497年他抵达苏格兰，鼓励苏格兰人进攻英格兰。亨利七世为了抵抗只得额外征税，这导致了康沃尔当地居民起义。沃贝克也加入其中，叛军开往伦敦。大约16000人的叛军得到了新的支援：奥德利男爵詹姆斯·图谢特。男爵成了全军总指挥，毕竟他是军中唯一有作战经验的人。在伦敦外的布莱克希斯，叛军与王军交战，然而他们根本不懂任何战术。没有骑兵，没有炮兵，叛军被包抄，腹背受敌，不过叛军依然顽强作战。战败后，奥德利男爵和其他一些叛军领袖被定为叛国罪。由于出身贵族，奥德利男爵幸运地被斩首，其他出身平民的领袖有的被吊死，有的被溺死，有的被

右图：玫瑰战争最后的战役源于兰伯特·西姆内尔，他宣称自己是金雀花王朝最后的合法继承人，并发动叛乱反对亨利七世。叛军尽管得到外国雇佣军的支持，还是毫无悬念地被亨利七世打败了。

第八章 理查三世

亨利七世对兰伯特·西姆内尔的仁慈，或许是为了表明这位冒充者不值一提。没有一个贵族会接受在厨房里当差——西姆内尔接受委任意味着他绝不是沃里克伯爵爱德华。

车裂。叛军的绝大多数人被赦免，佩尔金·沃贝克则没有这样的命运。布莱克希斯战役以前，他偷偷逃跑，抛弃了叛军，但是最后他选择了自首。后来他被判与正在监狱中的沃里克伯爵爱德华串通密谋，1499 年被绞死。

这些叛乱并没有对亨利七世的统治产生威胁，由于大贵族的私人军队被削减，相对地，国王的权力得到了巩固。亨利七世还推行了更有效的税收系统，并且对王国的财政采取更严格的审查，于是一个或许说不上繁荣但是经济稳定的时代开始了。他与约克的伊丽莎白的婚姻也非常幸福，尽管他们的第一个儿子威尔士亲王亚瑟于 1502 年去世了。

1503 年，约克的伊丽莎白不幸去世，让亨利七世悲痛不已。尽管他含糊地做了第二次婚姻的尝试，但是他的心不想如此。1509 年，亨利去世，留下一个截然不同的英格兰。过去的半世纪里，英格兰国内征战不断，如今已经完全结束；当亨利七世的儿子亨利加冕为英格兰国王亨利八世时，英格兰局势稳定，实力强大，亨利八世远比他的前任们幸运得多。

下图：佩尔金·沃贝克被捕后被严密看管，但是并没有被虐待。结果他试图逃跑，又被捉了回来，锁在颈手枷里给众人展示；之后他被起诉谋反，于 1499 年 11 月被绞死。

第九章　玫瑰战争的影响

亨利八世

史学界通常认为，英格兰的文艺复兴开始于玫瑰战争之后。这当然是相对简单的划分方式——社会的变化通常不会如此巨大，但是英格兰的局势恢复稳定，自然为文艺复兴生根开花提供了土壤。

玫瑰战争可以看作中世纪最后的大战：新技术逐渐流行，在接下来的一个世纪里彻底改变了战争的本质。

既稳定又有着政治影响力，强大的英格兰越来越有能力介入国际事务，动荡局势的结束同样制止了外国势力插手英格兰国内事务。这意味着，欧洲的其他王室，不能再靠支持英格兰国内斗争中的某一方谋取长期利益，他们的注意力转移到了别的地方。尽管这类事件的负面影响不一定能预见到，但是英格兰内部斗争消失，会影响其他国家的政策，当然也包括它们关注目标的转变。

亨利八世

亨利八世是亨利七世的次子，他于1509年至1547年统治英格兰。这是一个巨变的时代，变革不可阻挡，但其中的一些变革的确是亨利八世导致的，他指挥着英格兰朝何方前进，因此也影响了这些变革的结果。

本来亨利八世并不是王位继承人，但是1502年他的哥哥亚瑟去世，他因此被确定成为未来的国王。戴上王冠时，亨利八世在做国王和

亨利七世将文艺复兴时代杰出的思想家,如伊拉斯谟和托马斯·摩尔,邀请到格林威治的宫廷中给王子公主们教书。托马斯·摩尔日后成了亨利八世的重要谋臣,但最后在亨利八世的命令下被处决。

左图：亨利八世对男性继承人的渴望并非为了虚荣。如果没有清晰的继承权，王国将面临怎样的灾难，这一点他非常清楚。这让他不停地寻找一位能生下强大男性继承人的妻子。

大型豪华演出，比如骑士比武大会，这让王室的金库很快消耗殆尽。另外一个耗资巨大的项目是在外国进行的战争。

亨利八世是否从懦弱易摆布的亨利六世那里学到了教训，这无从可知，但是他的确与亨利六世恰恰相反。国王的意志被他提升到了新的高度：国王拥有神圣不可侵犯的权力，也就是说，国王的权力直接来自上帝。为了强调君权神授这一点，他是第一位在自己的头衔中使用"蒙上帝恩宠"的君主。

亨利八世对男性继承人的渴求，毫无疑问和他的自尊有一定关系，但是更主要的是，他非常了解对继承权的怀疑会带来怎样的后果，而他亨利八世坚决要避免这种情况。一连串的妻子并不是出于欲望或者爱情，否则让她们做国王的情妇就足够了。在那个时代这并不少见：不少女性做国王情妇，最终声名显赫或者成为王室的亲密朋友。亨利八世并不仅仅是想与女性私通，而是想要一位能为他生下合法王位继承人的妻子。

亨利八世执着地追寻男性王位继承人，导致了六次婚姻以及伴随每次离婚产生的一系列混乱。既然亨利八世不能与妻子们离婚，她们中无法生下男性继承人取悦国王的，只能被设法除掉。

管理上受到的教育并不充足，但是从过去的历史中他学到了很多。其中最重要的就是名正言顺地继承王位，这一点也彻底改变了世界历史。亨利八世年轻时强壮且好斗，他爱好运动，比如骑马和室内网球；历史记载也反映他身材非常健硕。同时他还是优秀的学者，并且是才华横溢的音乐家：他拥有许多藏书，而且会演奏数种乐器。从这一点来说，他是最符合文艺复兴风潮的人，尽管在宫廷以外，文艺复兴在英格兰方兴未艾。亨利八世喜爱奢华甚至有些过分，经常花巨资举办他的妻子中，一位死于自然原因，另一位活得比亨利八世长。剩下四位都被除掉，两个被斩首，另外两次婚姻都以站不住脚的理由被取消。

离婚让亨利八世与教皇陷入冲突——教皇不愿意承认亨利八世与阿拉贡的凯瑟琳的婚姻取消。教皇是那个时代地球上最有权势的人，换了别人肯定会妥协，但是亨利八世决定与天主教会决裂。这导致了教会改革，圣公会成立。此后数年中，英格兰的土地上天主教徒和新教徒的冲突不断，也是源于此。在此期间，亨利八世决定解散修道院，短期内给王室带来了巨额财富，也彻底改变了英格兰宗教的性质。

亨利八世之后

1547年亨利八世去世时，他的男性继承人还未成年。简·西摩尔为他生下的王子爱德华，此时才9岁，根本无法亲政。英格兰又一次迎来了摄政统治的年代，开始由赫特福德伯爵爱德华·西摩尔担任摄政。1547年2月20日，爱德华六世加冕，但是实际权力掌握在摄政领导的摄政议会手中。

爱德华六世的统治困难重重，动乱、国家财政问题加上与苏格兰的战争，但是，像玫瑰战争中那样的争权夺势暂时没有发生，直到爱德华六世病入膏肓。爱德华六世去世时年仅15岁，他指定的继承人简·格雷短暂即位。简·格雷是爱德华六世的表姐，爱德华

左图：亨利八世只有一个儿子，他在9岁时被加冕为爱德华六世，但是没有成年便生病去世。他指定简·格雷做自己的继承人，而她的统治只有短短数日。

六世同父异母的姐姐玛丽和伊丽莎白距离王位更近,但她们都被法案禁止继位。简·格雷担任女王不到两周便被废黜,爱德华六世的姐姐玛丽继位。玛丽是亨利八世和自己的第一位妻子阿拉贡的凯瑟琳所生,因为她是天主教徒而被取消了继位权。

玛丽统治时,她采取一些措施尝试逆转宗教改革,压制英格兰新教徒,以至于她获得了著名的绰号"血腥玛丽"。1558年玛丽去世时,这些政策都被废止,此时玛丽同父异母的妹妹伊丽莎白继位。伊丽莎白是亨利八世与第二任妻子安妮·博林的女儿。她母亲与亨利八世的婚姻被宣布无效时,伊丽莎白也失去了王位继承权,还因为支持英格兰新教徒而被玛丽囚禁过一段时间。

伊丽莎白一世自1553年起直到1603年统治英格兰。她着手解决了英格兰宗教错综复杂的问题,创立了现代圣公会的基础。正是在她统治时,文艺复兴在英格兰达到顶峰,中世纪完全结束,因此"伊丽莎白时代"在英格兰是与文艺复兴类似的概念,尤其在指代文化和社会时代时还具有更广泛的含义。

尽管伊丽莎白一世并没有在海外远征,但是她的确支持低地国家的新教徒反对西班牙人的统治。英格兰的私掠船也经常抢劫西班牙从新世界返回的船队,自然让西班牙国王对英格兰没有任何好感。最终腓力二世于1588年决定开战,派出无敌舰队,进攻英格兰,但是最终舰队被英格兰海军打败;不过1589年英格兰也派出了无敌舰队攻击西班牙商船,同样表现糟糕。无论如何,伊丽莎白一世是一位强大的领导人,她给英格兰带来了稳定和进步。伊丽莎白经受住了考验,取得了成功,尽管1603年她去世时国家财政空虚,而且国内出现了大型叛乱。伊丽莎白从未结婚,所以没有留下王位继承人。

1603年伊丽莎白一世去世,随她陨落的还有都铎王朝。英格兰王位由苏格兰国王詹姆斯六世继承,他成为英格兰国王詹姆斯一世。尽管这个过程中也不免其他纷争,但是没有发生像玫瑰战争那样的全面内战。都铎王朝的确从玫瑰战争的混乱中兴起,并成功结束了内乱,给了英格兰急需的稳定。这种新的稳定延续的时间甚至长过这个王朝的存在。

上图:简·格雷被废黜后,亨利八世的女儿玛丽继位,简·格雷被审判并被定为叛国罪。她一度被赦免,但是1554年在玛丽的命令下被处决,简·格雷成了政治的无辜牺牲品。

第九章　玫瑰战争的影响　207

伊丽莎白一世是位强硬和成功的君主，但是没有留下继承人。1603年她去世时，都铎王朝结束，但此时的英格兰已经更加强大和稳定。

也正是在都铎王朝时，英格兰建立起了强大的海军，在未来的数个世纪中成为大英帝国强权的手段和标志；同时还建立了圣公会，在那个宗教动荡的时代里造就了一个强大的新教民族。1560年开始，不断加深的宗教战争摧毁了整个欧洲，若是英格兰还是一个天主教国家，那么结果或许会不同。若是英格兰没有强大的海军，坚决反对西班牙，那么新世界的格局也会不同。同样是这支海军，划定和守卫了大英帝国的版图。这些后来发生的事件都与都铎王朝的政策有诸多关系，而这些政策的起因又可以追溯到玫瑰战争。

从某一点开始，假设玫瑰战争的轨迹不同，推测世界历史将做何种改变已经不再可能。如果斯坦利大人在博斯沃思原野战役上支持了理查三世，亨利·都铎被击败，接下来会发生什么？如果亨利六世第一次被俘后即被处决，兰开斯特派又推选了另外一位继承人，又会发生什么？如果格洛斯特的理查护送自己的侄子前往伦敦加冕，但是一直做摄政而没有夺去王位，历史又会怎样改变？

下图：1588年，西班牙无敌舰队被击败，英格兰逐渐成为海上霸主。这对于世界历史的走向有着巨大影响，尤其是后来征服美洲和殖民地的时代。

左图：苏格兰国王詹姆斯六世得到英格兰王位的道路并不平坦，但是这并不是玫瑰战争的重复，阵营之间大战的时代已经过去。

是在博斯沃思原野战役中加入一支法国军队那就太明显了。

按照故事与历史的区别，可以分为伪历史和替代历史两种。伪历史的戏剧、小说和电影通常不够准确，把年龄相差数十岁的人揉在一起，或者为了故事好看篡改历史事件。对于不太了解历史事实的人而言，这是严重误导，而且一些流行娱乐作品中的情节往往被大家当作"每个人都知道的事实"。

伪历史作品的目的只是娱乐。尽管有些作品非常注重历史的细节和准确——从这类准确和直接的历史想象中可以学到很多知识——但是很多人只不过是想找点乐子。带有一点点中世纪的感觉，加上几个著名的人物、地点，对于他们往往已经足够。

莎士比亚的戏剧便是属于这种伪历史范畴。他的作品相当于那个时代的好莱坞大片，并不是真的想要成为经典，供大家学习。尽管这些戏剧中没有那么多爆炸和高科技设备，但是元素都是相同的：英雄对恶棍、艰难抉择、喜剧和悲剧，当然还有扣人心弦的情节。莎士比亚笔下的《理

历史、虚构和再想象

玫瑰战争激发了无数想象。有一些可以被定义为"直接历史性"想象，即站在历史的环境中，（尽可能精确地）描述历史人物，按照史实记述事件发生的时间地点。

历史中还存在自由空间，利用这些空间也同样能够创造一个基本准确的故事。一些作者在记述不很详尽的历史事件中间，加入推测和复杂的情节，在每个确切存在记录的时间点都与史实重合，而中间则用虚构的故事填充。在历史的空白处填入故事同时尽量保持总体的准确性，这只是历史小说的手段之一。

额外的人物可以安插到历史记录中，并且不破坏其完整性。毕竟，历史资料中只记载了大事件中几个较重要的名字而已。虚构的女仆、外国间谍、小贵族会增加历史小说的可信度，不过若

上图：威廉·莎士比亚的戏剧是那个时代的流行大片，既有动作片也有浪漫喜剧，节奏较快，缺乏历史依据。因创作和上演于都铎王朝的时代，他知趣地把王室的敌人们都描绘成恶棍。

查三世》《亨利五世》等戏剧被重拍、重新解读、重新发现过无数次，以至于这些形象深入人心，但是这并不意味着这些描述是准确的。

对亨利七世和理查三世的描写以及其他一些想象，是基于莎士比亚生活的时代。在莎士比亚写作时，都铎王朝统治着英格兰，那么诋毁那些曾经反对都铎统治者的人自然是明智之选。此外，一个戏剧中的人物必须鲜明，让人一看便知。若

是在小说中，还可以对某个人物进行细腻复杂的刻画，但是戏剧必须有娱乐性，其人物应该简单，让观众一目了然。

同样的原则也适用于替代历史作品，一些事件改变了我们熟知的历史走向。这些故事中往往包括了著名的历史人物，他们或许被真实刻画，或许就按照作者的意图随意为之。选择历史类的作品不见得符合现实，尽管常见的规则是，在那

件改变历史的大事件发生之前一切正常，这一般用来介绍人物。

历史人物同样还出现在与历史无关的虚构中。一些科幻小说让某个特定历史人物去往其他的世界或未来。反过来，一个时间旅行家还可以回到过去，似乎介乎科学幻想和替代历史之间。玫瑰战争的事件也激发了无数想象，创作一些无须历史准确的作品。很多科幻和幻想小说也是基于一段历史，对于读者而言找到其中的关联并不困难。另外一些作品受历史启发，但是并非历史的派生品。其中，乔治·R.R.马丁所著的《冰与火之歌》，改编成为的电视剧《权力的游戏》特别值得一提。《权力的游戏》并不是将玫瑰战争直接放到了虚构的环境中。这样做没有意义，玫瑰战争已经出现在无数的历史故事书中；但是，书中的情节的确和封建领主，还有一系列听起来仿佛熟悉的名字和与历史人物类似的主人公相关。基本的脉络其实并不令人感到意外：分裂的王国，群雄逐鹿，阴谋诡计与对阵战斗同样重要。

史实还是想象？

这种历史的再想象而写成的故事带有某种特殊的吸引力：他们似乎为人熟知。故事听起来非常真实，因为类似的事件的确在历史上发生过，或者可以说，一个好故事永远引人入胜。无论纯粹的想象是否受历史事实启发，历史小说总是围绕真实事件或者是历史记录写作而成，而玫瑰战争的确是很好的故事。

这是一个非常令人不快和令人惊恐的时代，但是就结果而言是极其重要的时代。对于学者和爱好历史想象的人，这是一个令人着迷的时代；而曾在那个艰难时代生活过的人们，我们今日依然可以感知他们的存在。

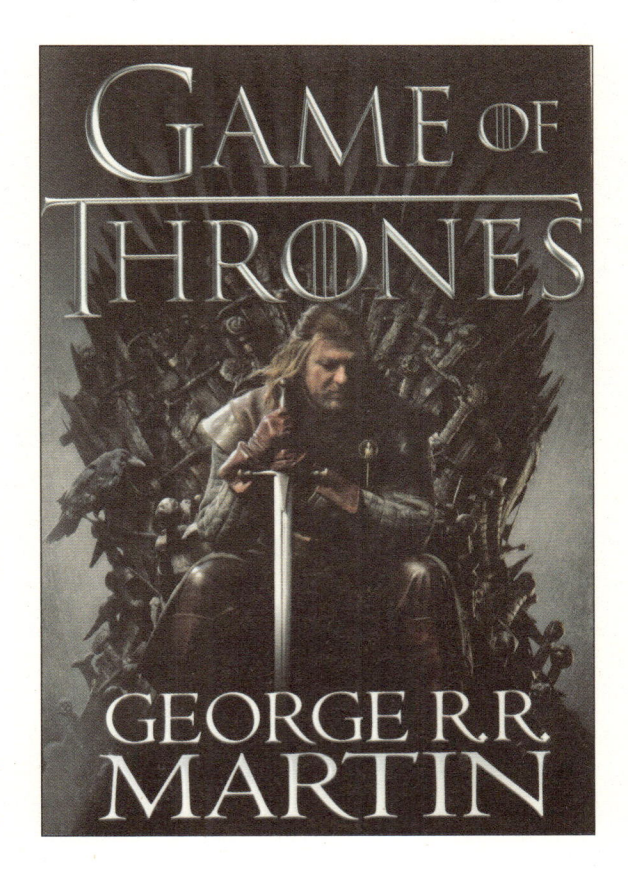

上图：玫瑰战争的事件深深影响了欧洲历史和今日的文学。《权力的游戏》是HBO最火爆最受欢迎的电视剧。它基于乔治·R.R.马丁所著的《冰与火之歌》，据说是受到了玫瑰战争故事的启发。

参考文献

Baldwin, David. Stoke Field:The Last Battle of the Wars of the Roses.《斯托克战役：玫瑰战争的最后一战》Pen and Sword, 2006.

Boardman, Andrew. The First Battle of St. Albans.《第一次圣奥尔本斯战役》Tempus, 2006.

Bradbury, Jim. The Routledge Companion to Medieval Warfare.《劳特利奇中世纪战争宝典》Routledge, 2004.

Buckley, J A. Who's Who of the Wars of the Roses.《玫瑰战争，谁主沉浮》Penhellick Publications, 2002.

Cheetham, Anthony. The Wars of the Roses.《玫瑰战争》Weidenfeld & Nicholson, 2000.

Cook, D R. Lancastrians and the Yorkists: Wars of the Roses.《兰开斯特和约克：玫瑰战争》Longman, 1984.

Evans, H T. The Wars of the Roses.《玫瑰战争》Sutton Publishing, 1998.

Goodman, Anthony. The Wars of the Roses:The Soldiers' Experience.《玫瑰战争：士兵亲历记》Tempus, 2006.

Goodwin, George. Fatal Colours: the Battle of Towton 1461.《致命颜色：1461陶顿战役》Orion Publishing Group, 2011.

Gravett, Christopher. Bosworth 1485:The Last Charge of the Plantagenets.《博斯沃思1485：金雀花家族的最后冲锋》Osprey Publishing, 1999.

Haig, Philip A. Wakefield & Towton Battlefields: The Wars of the Roses.《韦克菲尔德和陶顿的战场：玫瑰战争》Pen & Sword Books, 2002.

Hammond, Peter W. The Battles of Barnet & Tewkesbury.《巴内特和蒂克斯伯里战役》Sutton Publishing, 1993.

Hicks, Michael. The Wars of the Roses 1455–1485.《玫瑰战争1455—1485》Osprey Publishing, 2003.

Hutton, William. The Battle of Bosworth Field.《博斯沃思原野战役》Tempus, 1999.

Ross, Charles. The Wars of the Roses: A Concise History.《玫瑰战争简史》Thames & Hudson, 1976.

Santiuste, David. Edward Ⅳ and the Wars of the Roses.《爱德华四世与玫瑰战争》Pen & Sword, 2010.

Wise, Terence. The Wars of the Roses.《玫瑰战争》Osprey Publishing, 1983.